大樂文化

大樂文化

大樂文化

微甜の說話課

33堂說好話、辦好事的溝通智慧

心理醫師 何亞歌——著

Contents

第4章

幽默課：學會「自我調侃」，有助「一笑抿恩仇」

Contents

第5章

道歉課：態度「誠心軟Q」，立即「贏得尊重」 185

推薦序

溝通，人生所有問題的來源

人生設計實驗室創辦人、諮商心理師／盧美妏

客戶上午要來公司開會，你負責幫主管準備報告的資料。但昨天你熬夜工作太晚，一不小心睡過頭，出門又遇到下雨，看路況可能要遲到半小時了……此時你該怎麼做？

「道歉！」學員立刻反應。

「怎麼道歉？」我繼續問。

「呃……歹勢……？」

前段時間，我帶即將進入職場見習的青年們探討「職場溝通與表達」。

- 犯錯了要如何道歉才得體？
- 得到他人幫助要如何表達感激？
- 有需求要如何開口請他人協助？

心理學有好多理論都在談溝通表達，還有好多的大道理，同理心、傾聽……但在昏昏欲睡的下午時段，要是這麼講兩小時，不旦容易淪為說教，肯定全場睡著。大道至簡，我們從最簡單的「請、謝謝、對不起」著手。

生活中遇到的所有問題，都和溝通困難有關

我是諮商心理師，也是職業生涯諮詢師，我的工作就是協助人們解決問題。

在我的諮詢經驗中，人們遇到各式各樣的問題，都跟人有關，而所有跟人有關的

問題，肯定跟溝通有關。

人們常用自己的意圖來理解他人的行為。我們內心充滿抱歉、感激、需求的期待，但即使發起了溝通，也不一定能準確傳達到對方那裡；就算傳達到了，對方也不一定會理解；就算對方理解你的意思，也不一定會接受你的請求。

千萬不要誤以為，別人有讀心術能憑空猜到你在想什麼，不表達就等於沒有。大家都這麼忙，誰有空揣測你臉上的不自在是感到抱歉，還是希望別人幫忙。

所以我們需要學習「好好說話」。學好溝通，大多數的問題都能解決了。

「說話」要怎麼學？首先我們先拆解「溝通」這件事，溝通包含兩個向度：內容和關係。好的溝通必須處理好內容，也要處理好關係。

《微甜說話課》這本書就是一套完整的「說話課」。每一篇都是一堂課，教你一個說話方法，有故事、有案例、有對話、有技巧，提供內容，也提供處理關係的建議，適用於不同情境、不同對象的溝通中。

例如開頭提到的遲到事件，書中「道歉課」章節的好幾篇文章提醒我們該如何好好道歉，還提供「道歉SOP」。如果你犯了錯想誠摯地表達歉意，先參考書中的建議處理「關係」，再跟著SOP組織道歉「內容」就對了！

想學會好好說話，翻開《微甜說話課》一起嘗試看看吧！當然，一定要練習再練習。祝福你能學好溝通，解決生活中的各種難題。

前言
話怎麼說，決定你人際關係與工作成效的優劣

俗語說：「口才決定命運。」你怎麼說話，就會有什麼樣的人生。《伊索寓言》中更寫道：「舌頭能說出最動聽的話語，讓人們心花怒放；舌頭也能說出比毒蛇還惡毒的語言，傷害別人的性命。」可見得，言語在人際交往中有巨大的影響力。

從前，所有鳥類都住在同一座森林。眾鳥一致認為，貓頭鷹最具備當王的條件：牠有雙非常特別的眼睛、夜視的能力很強、頭上的冠羽小巧玲瓏，而且身形比其他鳥兒更顯得莊嚴。

貓頭鷹春風得意、昂首闊步地邁向王座。忽然，烏鴉說：「貓頭鷹根本不配當王！人類公認牠是不吉祥的鳥，牠頭上看起來非常美麗的羽毛，實際

上是一種惡兆。牠的眼睛、嘴巴之所以是黃色，是因為曾經偷吃母親食物招致的懲罰。」

烏鴉這番話讓貓頭鷹的榮耀落空了，從此雙方結上深仇大恨。

這則寓言故事裡，烏鴉與貓頭鷹僅僅因為幾句話，就生生世世變成仇家。可見得，我們在與別人相處時，說話一定要小心謹慎，別因為不必要的惡語而結下仇怨。

在生活中，很多人往往不懂得妥善運用自己的語言，甚至毫不在意，卻不曉得等待自己的是朋友選擇離去、親人黯然神傷、戀人無法忍受而分手……

那麼到底該怎麼說話，才不會讓自己出口傷人，變成眾人討厭的對象？

★收起壞心情，做個能好好說話的人。

★把「我拒絕」說得像「我接受」一樣好聽。

★如果他「做錯」了，你千萬別再「說錯」了。

★向別人提出建議時，把良言說到心坎裡。

★學會做個人見人愛的和事佬。

★會說更要會看，練就察言觀色的本領。

★利用幽默擺脫尷尬的處境。

★惡語傷人後，要學會真誠地道歉。

Check List
努力找到得罪人的深層原因。
注意自己的無心之言。

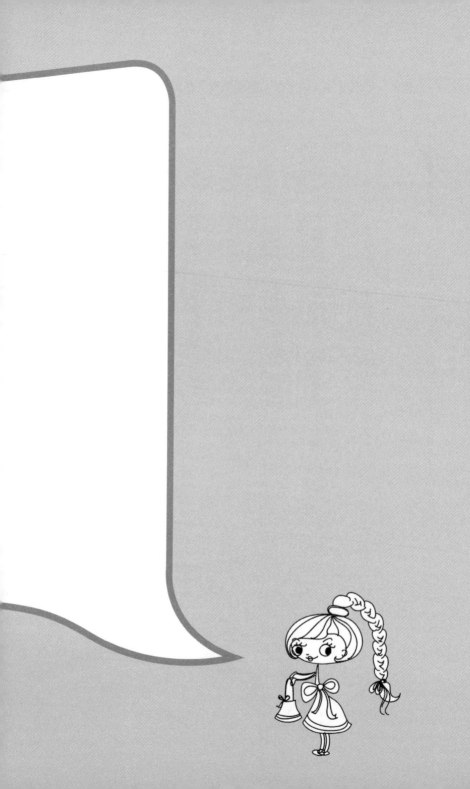

第 1 章

微甜課：你張嘴「說好話」，他樂意「辦好事」

學會「蘇格拉底法則」，讓對方不斷回應說 Yes

希臘哲學家蘇格拉底，是歷史中著名的風趣老頑童，對世人的貢獻，恐怕沒有幾個人可以相提並論。尤其在說話技巧上，蘇格拉底徹底改變人們的思維方式。直到今天，他仍被尊為世上最優秀的辯論家之一，他運用的技巧被稱為「蘇格拉底法」（Socratic Method）。（編按：在柏拉圖的《西伊提特斯篇》〔Thaetetus〕中記載，這種方法是提出各種問題，一步步地詢問對方，使他回答時不自覺地陷入矛盾。這是種一問一答，迫使對方自認矛盾，並逐步獲得普遍知識的方法，是一種所謂「問答法」、「反詰法」或「對話術」，也稱「辯證法」。）

蘇格拉底用的方法，簡單來說就是讓人說「是」的反應技巧。**藉由先問對方會同意的問題，漸漸引導對方進入設定的方向，在一開始就不斷讓對方說「是」，當對話結束時，便得出提問者設定的結論。**

在與人交流溝通或向別人提建議時，採取「拽著走」的生硬強迫式方法，容易令對方產生被輕視感，心生抗拒。相形之下，「領著走」的說話技巧不會過度干涉對方生活，更能把話說進他的心裡。

強摘無甜果，別當強買強賣的「銷售家」

根據各項實驗證明，自尊會使人固執己見。即使溝通者有神仙般的智慧及耐心，當被建議者說出「不」這個字，全身各個組織都會進入一種抗拒狀態，但當他在一開始就說「是」時，情況則會完全相反。

人的身體反應會受語言的影響，處於一種前進、接受且開放的狀態，因而容易忘記彼此間的爭執，更願意接受他人的建議。因此在溝通交流時，讓想說服的對象展現肯定的態度，極為重要。這有利於改變對話者的看法或意志，使談話朝積極的方向發展。

心理學家普遍認為「不」字的效應，是建議時最難克服的障礙。從個人角度向第三方提建議時，一定要記住是「領著」對方往前走，絕不是「拽著」他往前走。只有學會「領著」對方接受自己的意見及想法，才能夠有效達成溝通的目的。

西屋公司的業務員德維，負責向區域內的一位富翁推銷。這位富翁卻聲稱，以後不會再訂購西屋的引擎，原因是他認為他們生產的引擎都太「燙」，不能「把手放在上面」。

德維：「喬治先生，我完全同意你的看法。如果敝公司的引擎確實過熱，你不應該再買。你花了錢，當然不希望買到溫度超標的引擎。」

「是的。」喬治先生說。

「但你知道，電工行會的規定，標準的引擎溫度不能比室溫華氏72度高。」德維接著說。

「是的。可是你賣的引擎運轉後卻是華氏73度，高出了一度。」喬治說。

「你的工廠，室溫設定是華氏75度？」

「是的。」喬治想了一會兒然後說。

「我假設，一個人如果將手放進相當於這兩個溫度的水裡，結果一樣都會被燙傷。是這樣嗎？」

「我想你是對的。」

「那麼，我得建議你，喬治先生。」德維繼續說：「最好不要把手放在這樣的引擎上。」接著他們又談了一會。最後喬治答應，在下個月向西屋公司訂購約三萬五千美元的產品。

後來，德維這樣說：**「爭辯不是聰明的辦法。我們要站在對方的立場去看問題，要設法讓對方說『是』，才是真正地邁向成功的捷徑。」**

爭辯沒有任何用處，因為在這個世界上，沒有人喜歡別人將他的意志強加給自己。德維採用「領著走」、也就是蘇格拉底法，引導對方一步步地說「是」，最終達到自己推銷的目標。

在職場或生活中，不管是商務行銷或社交對談，別一味向對方灌輸自己的理論或觀點，談話的重點應該**先提出彼此有共識的部分，並在過程中不斷強調，雙方都追求同一目標，讓對方瞭解即使想法有分歧，也只是出在如何實施，並非針對想拿到的成果。**

當對方心中不覺得被「強買強賣」，自然比較願意聽你解說，甚至購買你的東西（建議）。

指導別人時，切記態度不可以居高臨下

要求平等是人的天性，可惜「居高臨下」的態度，似乎是某些高位者（像是家長、老師或主管）的本能。請一定要記住那些位階較「低」的人，會更希望談話者低下頭看著他，或「蹲著」和他說話。

態度會決定成效，先蹲得更低的人才跳得更高

有一次，英國女王伊莉莎白回家，在門口敲門。

「誰？」女王的丈夫問道。

「女王。」伊莉莎白回答。丈夫聽了，不開門。

女王又敲門。丈夫再問：「誰？」

「伊莉莎白。」女王回答：「你的妻子。」

這時，女王的丈夫把門打開，笑著把妻子迎入家門。

與人交流時，最基本的原則是要懂得尊重對方，和他保持平等的地位，就算身分、資歷高人一等或強人一籌，也要克制居高臨下、盛氣凌人的心態。別太「好為人師」，以指點、評價的口吻說話。女王尚且要放下身段，更何況是一般人？頤指氣使的說話方式，後果常常是自取其辱。

聰明的人在與人交談時，絕不會為了顯示自己的高明，用自己的套路去指導別人，或動不動就把自己看得高人一等，開口閉口就教訓別人。

尤其參加商務談判的人員，不管自身的層級多高，要把彼此放在同等的天平上，懂得從對方的心思去展開對話，才能保證交流順暢地進行下去。

有家大公司的業務經理，在和另一家企業洽談產品銷售時，發現對手是幾個年輕人，看起來入職沒多久，便隨口說：「你們幾個誰是這項目的負責人？誰可以做得了主？先把你們的經理找來吧！」

其中一位年輕人遞上名片，從容答道：「我就是經理。很榮幸能與您洽談這個項目，也希望得到您的指教。」對方幾句話裡軟中帶硬，尤其職銜和資歷更是出乎這位業務經理的意料。他本想拉高姿態，沒想到談判剛開始，就吃了一個小小的敗仗。

人與人之間難免有差異，這種差異可能體現在地位、職位、財富、家庭等各方面，但不論年齡多大、代表的企業實力多強，只要和對方坐在談判桌前，就應堅持平等原則。

優越可以擺在心裡自爽，不必掛在嘴上放槍

有些人太自我感覺良好，深信自己比其他人優秀出眾，因此不經意就端出一派居高臨下的架勢，甚至說話時不禁帶上傲慢的語氣，稍有機會，就沒頭沒腦地拋出一兩句話，嗆得旁人不知所然。

這種對身邊人不屑一顧、盛氣凌人的行為，常常會傷害到對方的感情，使對方產生對抗或報復心理。然而，自負的背後往往更是沉重的自卑。這種外強中乾的表現，要嘛張口就得罪人，要嘛只會讓人瞧不起。

在公司裡，李娜作為掌握財政大權的會計，地位十分超然。由於工資、獎金補貼等，都要由她經手，養成她超乎尋常的優越感，對同事日常的工作，時不時就指手劃腳一番。像是員工旅遊，百分之八十的員工都同意，她偏偏不滿，還非要別人都聽她的，不管跟任何人說話，口氣都是居高臨下。她處處表現得盛氣凌人，導致人緣超差，最後連一個支持者都沒有。

終於某一天，一名員工忍無可忍向主管告狀。主管瞭解情況時，受李娜欺壓多時的同事群起反抗，紛紛數落她的罪狀，竟沒有一人為她說好話。由於激起公憤，結果李娜只好被迫辭職。

所謂槍打出頭鳥，不管日常或職場，在相同環境中，條件越好的人越要謙虛，避免炫耀自己的優越。要知道這種居高臨下的待人方式，不僅不受歡迎，還很容易引發別人的忌惡，甚至導致關係破裂、不歡而散。

先認同再陳述意見，對的順序讓說服力加倍

交談中難免碰到各持己見的狀況。根據心理學研究，人在遇到意見被強力否決、批評時，為了維持尊嚴或咽不下這口氣，會變得更堅持己見，甚至抗拒反對者的任何建議。

用肯定表達否定，話更投機有甜度

在說服別人的過程中，當碰到對方堅持己見，溝通或建議很難達到原本目的時，最好先站在對方的立場發言。理由很簡單，讓我先跟各位分享一個故事。

「先生，看看最新款的檜木地板，賣得特別好……」店員微笑。

「這個牌子我知道！不就是請╳╳代言的嗎？你們怎麼請他，應該請╳╳來打廣告，那可是國際級巨星啊！」顧客說。

銷售員：「哦，您的見解真是獨到，下次公司找明星代言時，一定會參考你的建議！」

「那可不！上次我建議一家首飾公司請╳╳做代言人，現在那家首飾公司的業績旺到不行。」

「真的嗎？您真是太有眼光了！」店員繼續說：「雖然代言人不能馬上就換，但看看這款檜木地板，使用獨一無二的塗料，就像您的眼光，不管它是由誰代言，都是最安全、高品質的地板。」

顧客：「是嗎？你說的塗料是什麼？」

在說服他人時，最糟糕的說話方式是把「我」掛在嘴邊。聰明的行銷或業務，會先認同顧客的觀點，再提出自己的意見，而顧客在表現欲得到滿足後，便會開始對產品產生興趣。只要用對順序，即使否定對方的觀點，也可以維護他的尊嚴，並輕鬆達到溝通的目的。

用讚美表達反對，拿捏好3個原則更順耳

會說話的人不僅懂得看場合、時機，更懂得看對象，選擇不同的說話方式。朋友要多、敵人要少，說話越不得罪人，越不會招來非必要的阻礙。當然，好話順耳動聽，像是讚美這類傳達正向肯定的好話，是不會有人討厭的。此外，在交談時，還要注意：

▼**當對方始終保持敵對狀態時，不會認真地考慮建議者的觀點**：根據心理學研究，當一個人把「不」掛在嘴上時，無論建議者做出多少努力，效果都不會好，因為對方已經在心裡拒絕任何反面的觀點。

▼**溝通或建議若沒有拿出十分真誠的態度，恐怕難以達到理想的效果：**如前例（見第23頁）的店員，就是對顧客態度真誠，先贊同對方的觀點再提出想法，順勢介紹產品的特色，並適度讚美顧客，讓說服力加倍。

▼**無論是否定、拒絕還是提出建議，想贏得別人的認同，一定要有充分的理由：**當不認同對方觀點，卻希望說服他時，要活用「欲抑先揚」的說話技巧，避免惹火想說服的對象，招來不必要的敵意。

在各個專業領域，很多成功的主管或老闆在說服他人時，就是運用這三個原則。在溝通時，不妨為對方搭建台階、回話多一點甜，即使要拒絕及批評，也別忘了採用讓人容易接受的方式，拿出最睿智的說話智慧。

用「兩面＋一面」提示法，從主管到顧客都被你說服

什麼是「一面提示」？所謂一面提示，是指向要說服的對象提出自己一方的觀點，或對己有利的材料。一面提示的說服方法簡潔易懂，能夠集中闡述己方觀點，但要注意會使想說服的對象產生牴觸心理。

一面提示，商場順風的福靈劑

一面提示的方法在商場上非常適用。只要能夠靈活運用這種手段，會獲得更優質的反饋，像是員工將工作得更賣力，主管更加欣賞自己，業績和生意也會大

幅提升。

● **主管可以向員工承諾**：「假如你出色地完成這項任務，我會給你一筆豐厚的獎金……」

● **部屬可以向主管保證**：「假如我的薪水可以往上調，我的工作熱情無疑會得到激發……」

● **對供應商可以商量**：「假如折扣還能再降一點，購買量會有相應的增加。」

● **對客戶可以誘之以利**：「假如我們長期合作，折扣和數量都很好商量。」

當希望獲得更好的服務或更融洽的合作關係，就應該把打算給別人的好處，事先告訴對方。適當地運用一面提示的方法，可以確實激發參與者的積極性，從而達到自己的目的。

一家磚廠的老闆指揮著搬運工人堆放磚塊。天氣很熱，完工後，老闆搬出兩台風扇，招呼工人們到屋裡休息。工人們面帶慍色，老闆覺得有些過意不去，在付工錢的時候，多付了一筆小費給每個人。

幾名工人一看有小費而且還不少，都覺得很意外，但堅持不肯要。工頭不好意思地表示：「實話說，要是您早說有小費，我們應該在一小時前就完工了，而且磚塊可以堆得更整齊一些……」

老闆還是堅持把小費付給工人們，只是覺得有點遺憾，要是自己早點把好處說出來就好了。

商人最關心自己的利益，希望在合作中盡可能獲得最多利潤，得到全方位服務。但所謂獎賞分明，賣方越期望在交易與合作中激起買方的欲望，越希望方能承擔相應的責任或願意買，甚至產生壓力、形成動力，以維持合作關係，真正的用意應該是激勵，而不是刺激。前者被動而消極，後者主動而積極。

學著把好話說在前面，在談判、洽談及交涉的過程中，若強調合作或達成共識後，對方可能獲得的報酬，而且做得越好，得到利益越多，最後的結果肯定比一味懇求或命令更有效。

兩面提示，廣告宣傳時的外掛器

在說服他人時，提出對己有利和不利的論據與事實，並透過駁斥後者的弱點和漏洞，證明前者強於後者，是廣告宣傳中常用的「兩面提示」方法。這既說明產品的優勢，又主動展示其不足，然後駁斥不足和弱點，證明利大於弊、優點強於不足，往往很容易達成說服的目的。

譬如大眾汽車有一則知名的「次品」廣告，文案是：**「汽車檢查員檢查結果：次品。因為儀錶板上有一道劃痕。」**這直言不諱地說明本產品是次品，可說是大膽的做法，目的是反襯該公司高品質的品管，讓消費者在對比中得出相同的結論。

再看一則日本的運動衣廣告，其文案是：**「這件運動衣採用全日本最優秀的**

染料、最優秀的技術，但我們仍覺得遺憾的是染色，還沒有達到完全不褪色的程度，還是會稍微褪色。」這則廣告與上一則有異曲同工之妙。根據市場調查，不僅沒有降低產品在消費者心目中的地位，反而使銷量大大地增加。

在資訊爆炸的時代，消費者對貨比三家的購物選擇方式已不陌生。對商家來說，產品有缺點並不可怕，只要準確把握好它的尺度，透過順勢誘導的手法，用負面來宣傳正面，反而會達到意想不到的效果。

一九八八年，美國波音公司飛機爆炸，萬幸無一人傷亡。面對事故，競爭對手自然竊笑不已，但波音公司提出精確的數字，做了以下廣告；「事故原因：飛機太舊，金屬疲勞所致。因為這架飛機已飛行了二十年、起降九萬次，大大超過保險係數，但還能使乘客平安無恙。」

在一般人看來，飛安意外是避之唯恐不及，但波音公司在危急關頭迎難而上，充分利用兩面提示的技巧順水推舟，不僅扭轉被動挨打的局面，而且從此名聲大振。一味強調自家的優點，只會讓消費者產生不信任感。曾有心理學家透過兩名業務員進行一個實驗，一名業務員在推銷產品時，只列舉自家產品的優點，並與其他公司做比較，但始終都在講其他公司產品的缺點和不足。

相反地，另一名業務員則不僅講自家產品的優點，也講述其他公司的幾種同類型產品，列舉可取之處，但最後說綜合來看，還是選擇自家產品比較明智。結果發現，後者業績大大優於前者。只強調產品的優點，對不瞭解該產品的消費者或許有效，但冷靜細心的消費者一定不會輕信。

兩面提示法不僅肯定自家產品的優點，而且認同其他公司產品的長處，會給人留下知識豐富、公正分析的印象，能有效消除消費者的抵觸心理。

在與人交談或發表意見時，也可以運用這個方法，不一味說明自己的觀點如何正確，還在適當的時候自陳不足之處，而且探討其他方案的可能性，當然結果是自己的方案為最佳選擇。這樣提出的觀點，是經過綜合、反復的論證及研究得來。即使最後有人提出質疑，但因為從一開始就討論過缺點及其他可能性，反方很難用強有力的證據來完全駁倒己方的觀點。這就是兩面提示法的特徵。

借他人之口表達己見，能避免尷尬又獲得好感

把自己的想法假借他人之口說出來，是讚美他人時很重要的技巧。透過他人之口讚美，既能達到取悅被讚美者的目的，又可以維護個人基本的心理防線。有時為了獲取好感度，甚至可以刻意在第三者面前讚美對方。

德國「鐵血宰相」俾斯麥，就曾經用這種辦法，征服自己的政敵，將政壇死對頭變成無話不談的朋友。由此可見，透過第三者的嘴巴傳達讚美，可以發揮多麼巨大的作用！

聽說的讚美，比主動說的更甜

透過第三者讚美他人，要能如實傳達給本人才會有效果。所以讚美某個人時，首先可以刻意說給和他關係密切的人聽，並盡可能擴大宣傳範圍，在各種不同類型的人面前說對方的好話，保證至少有一部分的聽眾會發揮傳聲筒的作用。

一位辦理房地產轉讓的房產公司業務員，到某位學者家裡拜訪。彼此一番寒暄、客套之後，業務員順口說：「我的上司林局長叮囑我，若拜訪閣下，請您在這本書上簽名。他是您的忠實讀者，非常仰慕您……」，同時邊從公事包裡取出學者最近出版的新書。

仰慕和簽書要求只是藉口，目的是恭維這位學者。這位高明的業務員撇開自己，用「我的頂頭上司是您的忠實讀者」，把自己的讚美假借第三方的嘴巴說出來，遠比「我崇拜您」更巧妙、更有效，更容易使人接受。

同時，這個第三者無形中也成為恭維者的擋箭牌。當下，如果業務員的請求遭到拒絕，只能說是第三者的面子不夠大，與業務員本人或學者無關，為雙方保留更寬廣的彈性。

這樣做可以避免尷尬，而且更容易獲得他人的好感。因此，有時不妨借別人之口表達自己的想法。好好練習一下這種說話技巧，相信在許多事務上，可以得到事半功倍的效果。

向主管提議時怕踩到雷？用7技巧就水到渠成

從天性來看，人最不喜歡自己的意見被反對，因此在對方說出自己的觀點時，別馬上提出異議，等輪到自己表態時，再發表個人的意見。在發表時，有幾個小訣竅，一是先贊同，聽完對方的見解後，對雙方一致的觀點表示肯定及讚賞，然後說出自己的不同意見，肯定一部分，也反對一部分。這樣在論述上顯得比較客觀，反方通常會更容易接受。

其次，在雙方意見不同，又不希望駁倒對方讓他感到沒面子時，可以假借第三者的嘴巴，如「我們主管認為這件事不該這麼做」，先講理由再講結果，讓對方先有心理準備。對方得到說明後，自然明白彼此的見解不同，會比較容易接受。

菜鳥這麼說，為主管搭舞台也為自己加分

在職場中，每個人都渴望能夠得到主管的賞識，但志向遠大的員工在向主管提建議時，一定要注意表達的方法，別因為說話冒進讓主管下不了台。

性格潑辣、敢想敢拚的麗娜，在每月例會上經常提出有價值的建議，也常被發佈採用。在一次例會上，各組彙報本月工作計畫和重點產品推進情況，麗娜提出想製作一款主打產品的十週年特別紀念版，並舉辦大型發佈會，一是提升公司影響力，二是再挖掘一下這款老產品的新銷量。

公司的這款主打產品面世已十週年，雖然銷量很大，但謹慎的管理層不打算擴大推廣。瞭解內情的員工一致沉默，鴉雀無聲地等著總經理表態，麗娜卻滔滔不決，表示自己已經設計好任務分配方案，敘述各專案組具體的工

作分配、人員配置等。

總經理沒有當場駁回麗娜的建議，但以這項工作需要多個部門協同作業為由，表示考慮一下任務分配，再推進相關工作。

主動、積極地向主管展示自己的能力和態度，力求嶄露頭角，是許多新員工的常用做法，但方式及方法有待商榷。相關專家認為，新員工在向主管提建議之前，應換位思考，結合公司目前的發展方向來解讀主管的思想。

此外，新員工還要摸清工作環境，事先向瞭解的老員工虛心請教，避免「哪壺不開提哪壺」的情況發生。彙報的語氣、場合等細節因素也很重要，要避免突襲式、天外飛來一筆的建議，讓主管措手不及、進退維谷。

職場新鮮人，旺人氣的注意報

有位心理學家說：「人人都喜愛『喜歡他』的人，都討厭『不喜歡他』的人。」把這個道理套用在職場工作上：

●**在主管的眼裡**：部屬在公開場合使自己下不了台、丟面子，肯定是對自己抱有敵意或成見，甚至可能是有組織、預謀地公開發難。

●**主管將採取的行動**：以牙還牙，透過行使權力找回面子，或是懷恨在心，以秋後算帳的方式報復。

那麼，怎樣向主管提建議，才不會踏入雷區？

▼**雖然出發點是好的，也要考慮主管的感受，部屬提意見時要掌握時機**：主管是部門的管理者，肩負著更多更大的責任，心理壓力是部屬永遠無法體會的。所以，向主管提意見時，一定要選擇適當的時間、地點，不要自顧自地想說什麼就說什麼。

▼**在主管面前要保持低調，注意說話的方式和態度**：不管多麼優秀的部屬，在向

主管提建議時，用語要委婉，態度應該保持尊重。最好用的句式，像是「對這件事，我的看法是……您覺得怎麼樣？」。

▼別因主管說話客氣就拉高姿態，不給主管留面子：人都有自尊心，更何況高高在上的主管？職場第一守則是千萬不要對主管不敬、對同事傲慢，再好的提案若沒有獲得支持都是白費。

▼向主管講明決策時，要以引導、試探或徵詢的方式，使主管做出正確策略：戴爾．卡內基（Dale Carnegie）說：「如果你僅僅提出建議，讓別人自己得出結論，覺得這個想法是他自己的，這樣不更聰明嗎？」事實證明，人們對自己得出的結論，往往比別人強加的建議更加堅信不疑。

因此，對主管進諫時，不要直接點破對方的錯誤或是替他做出決策。只要做好引導工作，提出建議或資料，結論留給主管自己去考慮。

▼**給主管的提案要遵守「準、快、狠」三個原則，先想好對應的策略**：想讓提案達到效果，部屬在說明之前，一定要深刻研究主管可能會顧忌的地方，確保在提案過程中能展現出準確、快速、高效，以免在主管反駁時啞口無言。

▼**對自己向主管提出的方案，要充滿自信**：當部屬對自己的方案充滿信心，主管更可能採納他的意見。提案時，先多角度考察方案的可行性，比如在網上查資料、找同事討論，或向有相關經驗的人請教等等，方案越完善，越能夠增強主管的信心。

▼**當方案不被採納時，具體檢視有哪些不足，好好琢磨再提出的策略**：別過早放棄，先糾正問題，完善後再繼續提案，這樣一來，被主管重視、採納的機將會大幅提高。

重點整理

- 向別人提建議，好話要說進對方的心坎裡。
- 指導別人時，居高臨下的態度是硬傷。
- 表達自己的意見前，先認同別人的觀點會更容易入耳。
- 想說服主管或高層，用「兩面提示」引導更有說服力。
- 讚美別人時，可以借用第三方的嘴巴，既不尷尬又有甜度。

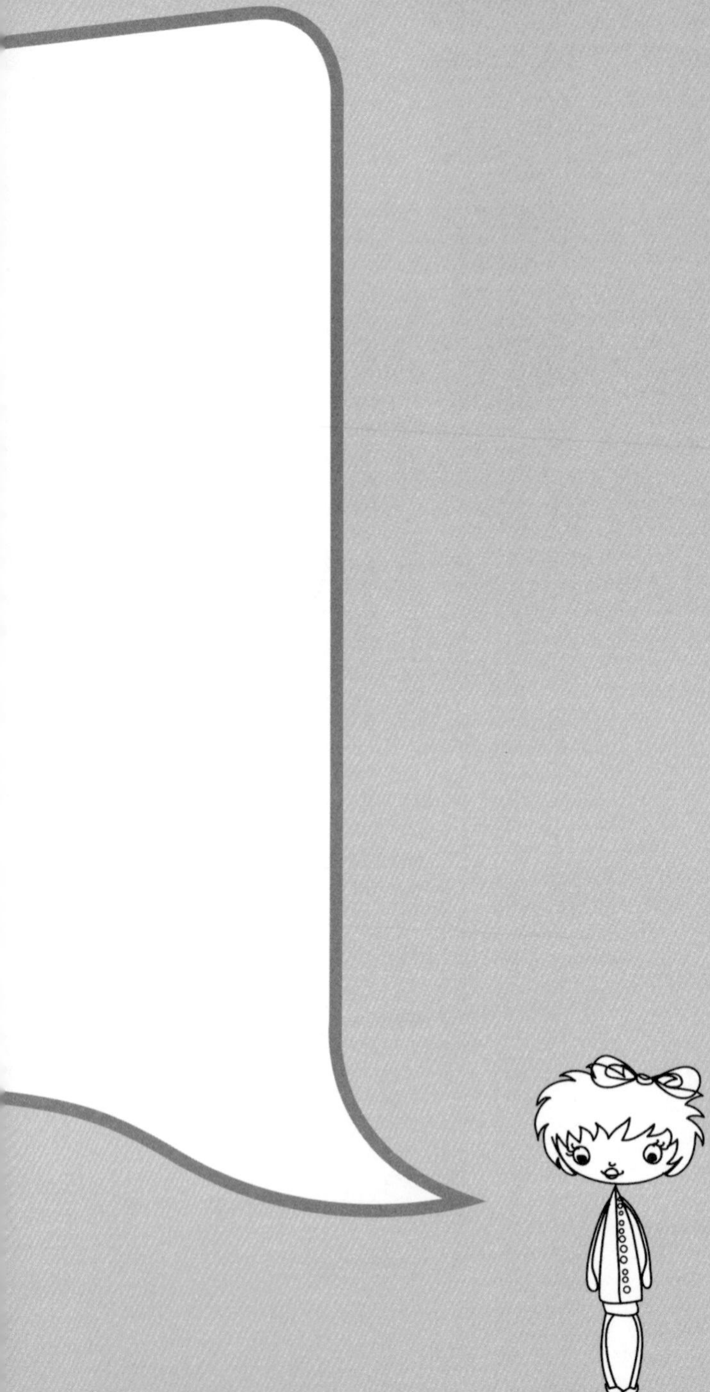

第2章

說服課：
敏感問題「模糊帶過」
輕鬆「化解爭端」

和事佬難當，觸犯6禁忌會從公親變事主！

人常在吵架時爭執誰對誰錯、誰好誰壞。在這個情況下，熱心的和事佬想打圓場，要格外小心矛盾沒有得到調解，反而把自己弄得裡外不是人。

公親變事主，禁忌要小心

為什麼很多試圖調解糾紛的第三者，圓場沒打成，反而讓火燒到自己身上？原因很簡單，想一碗水端平卻用錯方法，結果加劇矛盾還激怒當事人。公親不好做，在跳出來「坦」之前先停看聽：

▼停！表錯詞，好心被雷劈的6種不可說

1. **激化矛盾**：想打圓場時，用「褒一方、貶一方」的說話方式，結果火上澆油，強化了當事人本來不該有的情緒，擴大事態，成了當事人轉移不滿和怨恨情緒的出氣筒。

2. **急於求成**：會下棋的人通常很會舉一而反三，打圓場時，也要如下棋一樣耐心細緻、再三斟酌。在條件不足的情況下，打圓場的人急於求成、想一勞永逸，恐怕會事倍功半，不但沒達到目的，反而把衝突擴大。

3. **官腔官調**：打圓場的人主觀武斷，在當事人面前指手畫腳、發號施令，擺出高高在上、唯我獨尊的姿態。

4. **空洞說教**：調解人常忍不住評論當事人或情況，但小心過於空洞而抓不到重點的說教，只會讓人厭煩。

5. **反常批評**：批而不評、阿諛奉承、隔靴搔癢、褒貶對半這四種說話方式，是調解糾紛時的敗筆。想扭轉爭執雙方的態度、修正錯誤，應該避免做出簡單化、庸俗化的批評。

6. **不分場合**：調解人要避免信口開河，或不管人前人後就指名道姓地糾正，尤其是立場要左右逢源，不能想一碗水端平又不想得罪人。想成為稱職的調解人，應該這麼做：

▼看！先釐清狀況，把持勸架的4個原則

1. **不盲目勸架**：倘若話說不到重點上，不但達不到預期效果，還會引起當事人的反感。要從正面、側面盡可能詳盡摸清情況，力求把勸架的話講到當事人的心坎裡。

2. **說明真相，引導自省**：當雙方為某件小事爭論不休、各說一套時，和事佬無論對哪一方進行褒貶過分的表態，都猶如火上澆油，甚至會引火焚身，不利於平息爭端。因此，和事佬此時只能客觀地清楚說明事情真相，不加上任何評論，引導雙方消除誤會，從事實中反省自己的缺點或錯誤，使矛盾得到解決，達到團結的目的。

3. **要分清主次**：吵架雙方有主次之分，勸架不能平均使用力量，對措辭激烈、吵

得過分的一方要列為重點，才比較容易平息糾紛。

4. **歸納精華，公平評價**：如果爭論的問題異議較大，雙方都有偏頗，眼看觀點越來越接近，但都不肯服輸，那麼和事佬應考慮雙方的面子，歸納出雙方見解的精華與糟粕，做出公正評論，闡述較為全面、雙方都能接受的意見。這樣就把爭論引導到理論的探討、觀點的統一了。但千萬不能「各打五十大板」，因為不分青紅皂白、是非曲直地批評，對解決問題是十分不利的。

▼聽！善用「和稀泥」的技巧

1. **支離拆分**：倘若雙方火氣正旺，有劍拔弩張、一觸即發之勢，和事佬要當機立斷，藉口有急事（例如有人找或有急電），把其中一人調走支開，讓他們暫時迴避。等他們慢慢地平息怒火，讓頭腦冷靜下來，爭端也就趨於平息。

2. **「欺騙蒙混」**：有時候，和事佬可以隨機應變，以假掩真，然後順水推舟，使難堪的場合變得平和、融洽。

3. **以情制勝**：和事佬可以拿過去的情分來打動雙方，使他們主動退卻，或者以自己與雙方之間的情誼做籌碼，像是表示「你們都是我的好部屬，你們鬧僵了，讓我很難過，就看在我的面子上，握手言和吧。」一般來說，雙方都會給和事佬面子。

出現爭執或尷尬，如何妙言妙語打圓場？

生活中，常常會發生一些令人猝不及防的意外，如果處理不好，輕則彼此陷入尷尬的境地，嚴重甚至引起矛盾和紛爭。這時，巧妙地利用語言，不但可以輕鬆擺脫尷尬，還能讓氣氛變得活躍。

池魚會被殃及，怪自己和錯了稀泥

有家知名的電器公司因為售後問題引發大量客訴，記者聞訊趕來採訪，堵在公司門口，要向總經理詢問實際情況。

剛巧在門口的主任秘書說：「主任正在辦公室，這個問題，各位直接採訪他比較好！」記者一聽，直接闖入辦公室。主任躲也躲不開，只好硬著頭皮，一個人應付記者們的狂轟濫炸。事後，主任就將這位秘書解雇了。

售後問題的採訪，對於公司所有員工及主管來說，絕對不是什麼好事。此時，主管最需要的是部屬挺身而出，甘當馬前卒，替自己演好雙簧，對於部屬來說，當下不僅要說明問題的原因，還要極力維護主管的面子和威信，不應該將責任推到主管身上。如果部屬不夠機伶或缺乏智慧，弄得主管很尷尬，下場多半是丟了飯碗。

同理，在朋友或身邊的人發生口角時，夾在中間的滋味是非常尷尬的。身為爭論的局外人，一定要善於隨機應變地打圓場，化解彼此的矛盾。

圓場不好打，先理解雙方心情再提議

當雙方處於尷尬的境地時，最重要的是不刻意回避或掩飾。假如是細枝末節的問題，不妨用轉移目標或話題的辦法，岔開別人的注意力。假如當事者已覺察而問題並不嚴重，就稍作解釋。在打圓場時，一定要注意不偏不倚，要讓雙方都覺得自己沒有任何偏向，否則變成火上澆油，還不如不說。

慈禧太后愛看京戲，看到高興時會賞賜藝人一些東西。有一次，她看完楊小樓的戲後，將他招到面前，指著滿桌子的糕點說：「這些都賜給你，帶回去吧。」

楊小樓見此情形，趕緊叩頭謝恩。可是他不想要糕點，於是壯著膽子說：「叩謝老佛爺，這些尊貴之物，小民受用不起，請老佛爺……另外賞賜點……」

「你想要什麼？」慈禧心情好，並沒有發怒。

楊小樓馬上叩頭說：「老佛爺洪福齊天，不知可否賜一個福字給小民？」慈禧聽了，一時高興，馬上讓太監捧來筆墨紙硯，舉筆一揮，就寫了一個「福」字。

站在一旁的小王爺看到慈禧寫的字，悄悄說：「福字是示字旁，不是衣字旁！」楊小樓一看心想：「這字寫錯了！倘若拿回去，必定會遭人非議，可是不拿也不好，慈禧一生氣可能就要了自己的性命。」要也不是，不要也不是，尷尬至極。

慈禧此時覺得挺不好意思，既不想讓楊小樓拿走，又不好意思說不給。這時，旁邊的大太監李蓮英靈機一動，笑呵呵地說：「老佛爺的福氣，比世上任何人都要多出一點啊！」楊小樓一聽，腦筋立即轉過來，連忙叩頭說：「老佛爺福多，這萬人之上的福，奴才怎敢領呀！」

慈禧太后正為下不了台尷尬，聽兩個人這麼一說，馬上順水推舟，說道：「好吧，改天再賜你吧。」就這樣，李蓮英讓二人都避免尷尬。

一般來說，主管比常人愛面子，尤其是在部屬面前。倘若在公共場合遭遇尷尬，主管會很沮喪，部屬要站出來幫忙打圓場，緩和尷尬氣氛，主管就會對他另眼相看。

若在主管尷尬時，部屬不幫忙解圍，只想著脫身，將失去主管的信任，甚至會丟了飯碗。

生意興隆的麵攤上，正吃麵的男人突然打了個噴嚏，濺到對面一名顧客身上及碗裡。

「你怎麼亂打噴嚏！」那名顧客一下子被惹火了，立刻站起來吼道。男子驚呆，頻頻道歉，一緩過神又馬上轉頭對老闆喊道：「老闆，我明明告訴你別放辣椒……你賠我的麵錢！我要賠人家的麵錢！」

老闆馬上問夥計，夥計也很委屈。眼看幾個人開始七嘴八舌爭論，老闆怕影響生意，對廚房大手一揮：「算啦！再下兩碗麵，我請客！大家和氣生財嘛！」

兩名顧客都消了火氣，一場紛爭就這樣平息，兩人還和老闆交上朋友，成了麵攤的老主顧。

其實，日常與人交往時，有不少的事需要靈活應變、打圓場，或許是為了自己的過失，也可能是要弭平他人的爭吵。不管如何，首先一定要理解爭執雙方的心情，盡量找出歧異，並肯定各自的優勢。

在一定程度上滿足雙方自我實現的心理後，打圓場的人再提其他的建議，不僅凝滯的氣氛可能變得輕鬆，當事雙方也想避免尷尬，較容易息事寧人。

想要別人出錢出力，得先找出雙方共同利益

求人辦事時，倘若讓對方覺得自己與你有共同利益，對方就會為了維護自己的利益而竭盡全力，進而收到更好的效果

許多人一定遇過這樣的事情：在說服別人或拜託別人做事時，不管怎樣進攻或懇求對方，對方總是敷衍應付、漠不關心。這時候，你首先要消除自己與對方的心理隔閡，然後說服、誘導。

在推銷方面，業務員為了喚起顧客的注意，達到百分之八十的購買率，往往是先誘導、後說服。當然，這裡的誘導就是以利益為前提。

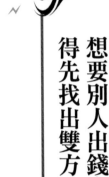

在英國工業革命方興未艾時，以發明發電機而聞名的法拉第，為了能夠得到政府的研究資助，去拜訪首相史多芬。法拉第帶著一個發電機的雛形，十分熱心並滔滔不絕地講述這個跨時代的發明，但史多芬的反應始終很冷淡，一副漠不關心的樣子。

事實上，這也是無可奈何的事情，因為史多芬只是政客，要他看著這個纏著線圈的磁石模型，立刻意識到這將會大幅改變後世的產業結構，實在是太困難了。

但是，法拉第卻使原本漠不關心的首相，突然變得關心起來。原來，他是這樣說的：「首相，如果這個機械將來能普及的話，必定能增加稅收。」

顯而易見，首相聽了法拉第的話之後，態度突然有了巨大的轉變，原因就是這個發動機將來一定會獲得相當大的利潤，使政府得到很多的稅收，而首相關心的就在於此。

在一般情況下，我們行動的目的都是「為自己，而非為別人」。倘若能充分理解這一點，想要說服他人就有如探囊取物一般容易。只要瞭解對方真正追求的利益，進而滿足他的欲望，便可達到目的。

高明的說話者在說服別人時，首先要充分考慮對方的利益，再考慮自己的利益，然後將兩者合併，找出雙方共同的利益，再著手勸說。先不要急著說雙方沒有共同的利益，一定會有的。重要的是不要放棄，直到找出為止。

戰國時代後期，經過商鞅變法後的秦國逐漸強大，成為七雄中實力最強的國家，齊、楚、燕、韓、趙、魏六國都無法單獨抗擊強秦的侵略。為了與強大的秦國對抗，保障弱小國家的利益，六國聯合勢在必行。

西元前三一四年，蘇秦先到燕國，向燕文王指出，自己的國家與燕國有著共同的敵人、共同的利益，在強大的秦國面前，各個小國只有聯合起來，才能保護各國的利益不受侵犯。蘇秦勸說燕文王應該與近在百里的趙國聯合，以防千里之外的強秦。

燕文王接受了蘇秦的建議。蘇秦又來到趙國，向趙肅侯指出諸國共同利益。他說：「秦國未進攻趙國，是因為顧慮韓、魏二國襲其後方。倘若秦國先打敗韓、魏，再舉兵攻趙，那麼趙國的災難就會到來。」

蘇秦還向趙王指出：「六國之地五倍於秦，六國之兵十倍於秦，倘若為了共同的利益，能夠合六為一、同心同德，必定可以打敗秦國。」因此，他希望趙王邀請韓、齊、楚、燕等國的國君，共商六國聯合抗秦大業，這樣秦國就不敢進攻六國中的任何一國。

在整個遊說過程中，蘇秦抓住了各國都要維護自己的利益，秦國是他們的共同敵人這條主線，講明六國有著共同的利益關係，合則可以抗秦，分則有被秦國各個擊破的危險。因此，同舟共濟、聯合抗秦，才是保護自己國家的利益不被分割的唯一選擇。

相反地，倘若把對方的利益排除在自己的利益之外，會影響辦事的效果。

從前，一隻獅子和一隻狼同時發現一隻小鹿，於是商量好共同去追捕。

牠們合作良好，當野狼把小鹿撲倒時，獅子便上前一口把小鹿咬死。

但這時獅子起了貪念，不想和野狼平分這隻小鹿，於是想把野狼也咬死，可是野狼拚力抵抗，後來野狼被獅子咬死，但獅子也受重傷，無法享受美味。

倘若獅子不咬死野狼，而和野狼平分獵物，不但不會受到重傷，還可以享受美味。

利益的相通性、同一性和互補性，建立在團結一致、同心協力的基礎上。只有這樣，才能求得一榮俱榮，避免一損俱損的結果。那麼，怎樣才能做到利益相通呢？

1. **強調彼此可以獲得的共同利益**：共同利益的目標，是形成彼此信賴關係的基礎。有了共同目標和利益，對方與你的衝突便能緩解和避免。

2. **用「我們」一詞來加強同伴意識**：「我們」意味著「你也是其中的一員」，可以加強對方的參與感，達成某種共識和共鳴。你和別人講話時，倘若說「我們是不是應該這樣做？」會比說「我認為應該這樣做」更能拉近雙方的心理距離，也更容易使事情獲得圓滿的成功。

順著對方思路去說服，忠言也會變順耳

口才大師卡內基先生曾說：「即使你喜歡吃香蕉、三明治，但是你不能用這些東西去釣魚，因為魚不喜歡它們。你想釣到魚，必須下魚餌才行。」

高明的說話者在說服別人時，懂得迎合對方的喜好，讓他覺得自己受到重視。當然，一定要迎合得巧妙，不能讓對方看出任何破綻。

愚蠢的人在說服別人時，只談論自己，從來不考慮別人，於是很難得到對方的認同。說服別人最重要的一點在於，迎合對方的興趣，談論他最喜歡的事情。

每個人都有自己的興趣、愛好，例如：籃球、軍事、音樂、演藝圈八卦新聞、書法繪畫、烹調食物、神秘現象等等。會說話的人在說服別人時，往往懂得

迎合對方的興趣，順著他的思路去說服。

楚莊王有一匹心愛的馬，給牠穿華美的衣服，養在富麗堂皇的屋子裡，用上好的飼料餵養牠，但這匹馬因為餵得太肥而死了。楚莊王十分痛心，令群臣給馬辦喪事，要依照大夫的禮儀厚葬。大家紛紛苦勸，楚莊王一句也聽不進去，下令說：「有誰再敢以葬馬之事進諫，定斬不赦！」

優孟聽說此事，走進殿門仰天大哭。莊王感到十分奇怪，問其緣故，優孟答道：「這是大王最喜愛的馬呀，理應厚葬！堂堂楚國，地大物博、國富民強，什麼排場擺不出來啊！大王只以大夫的葬禮來葬馬，太寒酸了，我看應以國君的葬禮來安葬。」

莊王聽了，高興地問道：「那該怎麼辦？」

優孟順勢說道：「應以雕玉為棺、文梓為槨，調動大量士卒修墳，徵用大量的百姓負土。送葬時，讓齊國、趙國的使節在前面陪祭，讓韓國、魏國的使節在後面護衛。為牠造祠廟祀乙太牢之禮，奉以萬戶之邑。這樣一來，諸侯各國都知道大王把馬看得很貴重，把人看得很卑微。」

這時，莊王醒悟過來，深責自己險些鑄成大錯，於是取消了用大夫之禮葬馬。

「莊王葬馬」本是一件十分荒謬的事，但正面規勸明顯無法取得效果，因此優孟順著楚莊王荒謬的思路走，把他認為合理的東西作了極端的誇張，讓他自己意識到行為的荒謬，心悅誠服地聽從建議。

在說服別人時，順著對方的思路，按照他的邏輯去推理、演繹或進一步誇張，讓對方清楚自己的行為最終可能導致的結果，他就比較容易接受你的觀點。

說服別人時，不要正面否定對方的觀點，因為一個人的思維不會因為他人的抗拒而輕易改變，而且正面否定別人會讓對方下不了台，可能引起不必要的衝突。以下有位銷售員在與女顧客對話時，就使用附和語言策略。

「女士，妳的皮膚非常適合用本公司化妝品。」

「可是，我已經有化妝品了！」

「哦！妳已有化妝品了？」

「嗯，我用的是資生堂的化妝品，該有的差不多都有了。」

「都有了？」

「是啊！像我這種年紀的女人，平時不常出門。」

「哦，原來妳很少出門。」

「不過，我的女兒快要成家了，以後我參加婚宴的機會可能會多一些。」

「唔，妳的皮膚真不錯。」

「還好啦！每個女人都希望自己更漂亮一些，尤其是我們這種年紀的女人。」

就這樣，兩個人一直順勢談下去，那位銷售員就是用附和語言策略，先取得顧客的好感，然後一步步化解她的心防，瞭解她的心理需求，再提出她想要的服務。這位顧客也覺得這名銷售員善解人意，儘管她已經有很多化妝品，但還是非常爽快地購買化妝品。

由此可知，在和人對話時，專心傾聽對方說的每一句話，自然會使對方感到受尊重，比較容易說出真心話。

你在附和對方的語言時，會不自覺地顯露某種表情，例如：一面回應對方的話，一面點頭表示贊同，這就是立即肯定和接受對方的談話內容。如果你慢慢地點頭，表示你的贊同是經過認真考慮的。我們仔細觀察就可以發現，女性在聽別人說話時，點頭的次數比男性多。

當她們說著「嗯」、「是啊」、「真的是那麼回事」等肯定語言時，總是不停地點頭。事實上，她們點頭只是出於情緒的反應，不表示把話聽懂或聽進去了，而只是被對方的情緒所感染，表示贊同而已。

相對地，與喜歡附和別人說話的人打交道時，一定要先分析他的目的，是真誠還是偽善，是別有企圖還是出於禮貌。倘若能夠認真分析其中差別，必然可以避免在社交場合中被騙或是被人設計。

順著對方的思路走，是常用的說話技巧。在說服別人時，不要急著表明自己的立場，要先聽對方說話，多點頭表示專注。先順著對方的思路去引導，別急於改變他的觀點，才能達到想要的效果。

在說服別人時，要主動迎合對方的興趣，順著他的意思去說話。在真正做到這一點後，很多問題就會迎刃而解，很多目標就能夠實現。

當然，「順著人心」只是方法，而不是目的，倘若能成熟地運用這個方法，別人就會在不知不覺之中受到你的影響，甚至接受你的意志。

遇到敏感話題，要活用模糊語言去迴避

模糊的語言是重要的交際手段，同時體現一個人隨機應變的能力。當別人問你一些無法回答的問題時，如果你委婉拒絕無效，可以用模糊的語言搪塞一下，這樣既可以讓自己擺脫麻煩，又不會傷及對方的面子。

高明的說話者在敏感話題上從來不言之鑿鑿，也不會生硬拒絕，而是懂得用模糊的語言來保全雙方的面子，進而為自己留了一條後路，並且避免一些不必要的糾紛。

某家旅館招聘侍者，有很多人前來應徵。老闆考他們：「有一天當你走

進客人的房間，發現一女子正在裸浴，你會怎麼辦？」

眾人都搶著回答，有的人飛快地說：「對不起小姐，我不是故意的。」有的人說：「小姐，我什麼都沒有看見。」

老闆聽後不停地搖頭，這時一個小夥子走上前說：「對不起、對不起！先生。」結果他被錄用了。

在這個故事中，小夥子巧妙地使用模糊語言，使客人得到心理安慰，而他自己則得到老闆的賞識。在生活中，可能會碰到一些不能回答、但又不能不回答的事情，這時候可以巧妙地使用模糊語言進行對答。

阿根廷的足球明星迪亞哥·馬拉度納，在一九八六年的世界盃和英格蘭球隊相遇時，踢入的第一球是「頗有爭議的進球」。據說，墨西哥一位記者曾拍下「用手拍球」的鏡頭。

後來，有一位記者問馬拉度納，那個球是手球還是頭球時，他非常機敏地回答：「手球一半是迪亞哥的，頭球一半是馬拉度納的。」

馬拉度納的回答是故意裝糊塗，但頗具心計，倘若他直言不諱地承認「確實如此」，那麼無疑承認了這場比賽的不公正性。但假如不承認，又有失足球明星的風度。這妙不可言的「一半」與「一半」，等於承認了球是手臂撞入的，頗有明人不做暗事的大將氣概，同時肯定了裁判的權威，具有君子之風。

由此可見，在與人交流時使用模糊語言的重要性。它能夠給人台階下，使雙方皆大歡喜。

某一所中學的一位女老師偶然發現，有幾位同學正拿著實驗室的凸透鏡在陽光下玩耍，而學校的實驗室剛好丟失了一面凸透鏡。這時，這幾位同學發現老師，神情驚慌極了，於是老師肯定自己的判斷。

但是老師沒有指責他們，只是笑著說：「喲，這凸透鏡找到了，謝謝你們啊！昨天我到實驗室準備實驗，發現少了一個凸透鏡，我想大概是搬遷過程中丟失了，沿途找好幾遍都沒有找到，謝謝你們幫我找到了。這樣吧，你們繼續做實驗，下午還給我也不遲。」

這幾位同學聽了老師的話，鬆了一口氣，便連忙答應。下午，這他們果然把凸透鏡送過來。

這位女老師非常聰明，她故意裝糊塗，將責備化成感激，讓學生在擺脫尷尬的同時又羞愧不已。老師不但順利地達到自己的目的，同時也維護學生的自尊心。

由此可見，有時候裝糊塗、說糊塗話還是很有好處。同樣，人們總會遇到很多令自己難堪的情境，可以借助糊塗忍讓一下，不斤斤計較，暫時吃點小虧，做出「退卻姿態」。這種糊塗，可以讓你有更多的時間去享受人生，具有保護自己的功能。但要記住一點：說模糊語言要講究場合、要看人，才能收到預期效果。

在日常相處過程中，幾乎隨處可以見到運用模糊語言的例子。例如：有人托李四幫忙辦件事，即使李四認為很有把握，也不說「您放心，這事包在我身上」

之類的話，而是說「您放心，我將盡力而為」之類的話。

第一種回答雖然精確乾脆，然而萬事萬物不斷發展變化且錯綜複雜，假如某個意外原因使得李四辦不好這件事，那麼他拍胸脯式的回答可能使自己陷入難堪的境地，也可能使朋友大失所望，認為李四是吹牛大王。第二種回答產生的效果則不一樣，「盡力而為」具有模糊性，倘若事情辦好，當然是盡力了，倘若辦不好，也是盡力了，只是客觀原因所致。

主管做報告時，時常運用模糊語言，例如：「經初步瞭解」、「一般說來」、「基本上」等等。這樣的表達具有較大的彈性和適應性，往往容易被人接受。

當回避別人問的敏感話題時，也可以用模糊語言。比方說，當別人問「月薪是多少」，不妨說「不多不少」；被問到是怎樣結識某個大人物，不妨說「這是個很複雜的過程，等以後有時間，再詳細地告訴你」等等，這樣的回答既顯示出熱情，又巧妙地躲避掉不願意回答的問題。

想讓對方反省，用旁敲側擊才不會樹敵

什麼是旁敲側擊？旁敲側擊是指借助語言（包括身體語言）、知識、閱歷、交往技巧，以及利用環境等，採用迂迴委婉的方式，點明要害震撼對方的談話技巧。

它可以間接地、隱蔽地啟示、教育他人，最終達到說服的目的。在人際交往中，旁敲側擊既不會招惹對方的反感，又能把話說到位引發自我反思，而潛在地影響對方。

赤壁大戰中曹軍慘敗，曹操率領士兵從華容道敗走，關羽因為念及昔日曹操對自己的恩惠，而放了他一馬。曹操回到安全之地，忽然仰天長嘆，悲切不已。

部下十分疑惑地問曹操：「丞相已經脫離困境，當時面對諸多敵軍毫不沮喪，現在人得到食糧，馬得到草料，您為什麼還如此悲切？」他說：「我只是哭那早死的郭嘉。假如他活著，絕不會讓我遭此大敗！」眾將士聽後，沒有不反省自己的。

赤壁之戰之所以失敗，大家都有責任。曹操沒有直接把部屬痛罵一頓，也沒有責備他們不盡心盡力，而是採用「旁敲側擊」談話術，當著眾人的面追思已經死去的謀士，既沒有讓大家下不了台，又委婉地批評眾謀士失職，這樣很容易達到批評的目的。

關於曹操，還有這樣一件事情：

曹操非常喜愛曹植的才華，因此想廢了曹丕，轉立曹植為太子。當曹操就這件事徵求賈詡的意見時，賈詡一聲不吭。曹操問他：「你怎麼不說話？」

賈詡說：「我正在想一件事！」

曹操聽了順口問：「你在想什麼事？」

賈詡答：「我正在想袁紹、劉表廢長立幼、招致災禍的事。」

曹操聽後哈哈大笑，立刻明白賈詡的言外之意，於是不再提及廢曹丕的事。

類似的例子也曾發生在南朝，當時齊高帝與書法家王僧虔一起研習書法。

高帝突然問王僧虔說：「你和我誰的字更好？」

這個問題很難回答，說高帝的字比自己好，是違心之言，說高帝的字不如自己，又會使高帝的面子掛不住，還會破壞君臣之間的關係。

王僧虔的回答非常巧妙：「我的字是臣中最好，您的字是君中最好。」

皇帝就那麼幾個，而臣子不計其數，王僧虔的言外之意是十分清楚的。高帝聽了哈哈一笑，也就不再提這件事。

在一些場合，有些話不好直說，也不能直說，更無法明說，便可以採用旁敲側擊的方法使對方反思。

一九九〇年，美國副總統尼克森偕夫人去日本訪問，日本首相吉田茂設盛宴款待。席間，吉田茂頻頻給兩位敬酒，顯得十分熱情，尼克森夫婦也非常高興。吉田茂抓住這氣氛融洽的時機，轉過頭去對身旁的尼克森夫人開玩笑說：「我發現在東京灣停有幾艘美國驅逐艦，冒昧問一句，難道是怕您受到欺負，而開來保護您？」

一個小小的玩笑，引得眾賓客笑語連連。大家立刻聽出吉田茂話裡有話，當時這些軍艦在日本東京灣停泊，引起日本政府不安，而尼克森非常清楚此事，自然明白吉田茂在旁敲側擊地表達對美國軍艦的不滿。於是，尼克森下令撤走停在東京灣的軍艦。由此可見，採用旁敲側擊的方法，不僅可以讓雙方在不發生衝突的情況下解決問題，還可以化解彼此的矛盾。下面還有一個例子：

在魯迅任教期間，有個地方官僚禁止男女同學一起游泳。魯迅對此不以為然，於是十分幽默地說：「要完全男女授受不親，乾脆下一道命令：男女老幼、諸色人等一律戴上防毒面具。這樣既禁止男女間的交融，還避免女子拋頭露面。這樣就會每個人都……喏！喏！」魯迅站起身，模仿戴面具走路的模樣，台下的人們都笑得東倒西歪。

魯迅的語言雖然誇張，但正是這種誇張的效果才指出事情的荒誕。尤其是旁敲側擊的諷刺法可以把道理講得深刻、明白，更鮮明地揭露封建官僚的假道學面孔。旁敲側擊的語言不僅能表明自己的觀點，而且不會給自己樹敵，帶來不必要的麻煩。所以，有時候這種說話方式不失為很好的選擇。

轉換話題能淡化衝突，但怎麼說最有效？

在與人交流時，常常會因為觸及敏感、嚴肅的話題，使局面變得尷尬。有的時候，可能會遇到喋喋不休的人講起話來沒完沒了，使彼此無法忍受。面對這種情形，該怎麼辦？繼續維持現狀固然很容易辦到，但這會降低人際交往的品質。正確的做法是聰明地轉移話題，使整個談話往好的方向發展。

在談判中，雙方為一個話題爭論不休，甲方代表說：「我希望貴公司能答覆我們提出的要求，否則沒什麼好談的。」乙方代表無奈地表示：「關於這個問題，我已經說過很多次，以我們公司的規模來說，確實沒辦法達到你們提出的要求，希望你們能降低要求，這樣我們雙方也能達成協定。」

甲方代表聽了，連忙搖搖頭，指出：「對於這些條件，沒有任何商量餘地。」當甲方代表說完後打算起身離開時，乙方代表中有一位說：「大家都談了一個上午，恐怕肚子早就餓了，聽說這家酒店有幾道招牌菜，咱們先吃飯，吃過飯再說。」

聽乙方這樣一說，甲方也覺得自己餓了，於是點點頭，雙方都坐下來，開始聊起各地方的名菜。

眼見對方要起身離開，僵局已然形成，倘若再不想辦法挽救，這次談判將宣告失敗了。這時，乙方代表中有這位靈活多變的先生，及時地轉移話題，讓大家把注意力都放在吃飯上，使得僵局的場面得到緩和。由此可見，轉移話題有時候能夠化解暫時的矛盾。

其實，在大多數情況下造成人們爭執不休的元兇，並非雙方意見的分歧，而是爭面子的心理在作祟。雙方原本不願意繼續爭執下去，可是為了顏面，不得不各執一端，使得爭論不斷升級。

面對這種情況，會打圓場的人往往會故意曲解雙方話裡的含義，給彼此找個台階下；或是根據雙方談話內容開個玩笑，使大家從爭論時的不愉快情緒中解脫；或是適時插一句嘴，把雙方的注意力轉移到別處。

此外，在與人交流時最讓人難以忍受的，恐怕就是你不想聽，但對方跟你說個沒完了。倘若你認為當前的話題沒有繼續談論的必要，或是自己還有別的事要做，不能再耽誤時間，就需要轉移或結束話題。但是，假如這種情況處理不好，很容易讓對方陷入尷尬。那麼，該怎麼做才能兩全其美呢？

這時可以嘗試用誘導性話語來轉移話題。在對方說話的間隙，你應該及時插話，向對方表示他所說的都非常有意思、有道理，你以後會找個時間與他探討這些問題，但現在你想與他談別的事。

對方聽你這麼說，自然會停止談論這個話題，而順著你的思路去談其他事情。你還可以在談話中將話題延伸到其他方面，比如你們談及奧運會時，你可以把話題轉移到古奧運起源，再進一步轉移到古希臘歷史方面。

假如你想儘快結束談話，可以趁對方停頓之際及時表態，比如你可以說自己受益匪淺，希望下次再聊等等。一般來說，當對方已經達到自己說話的目的，就會主動起身告辭。假如他沒有結束談話的意思，你再說自己還有別的事，等事情辦完後，有時間一定會登門拜訪，對方就不能再說下去了。

當然，轉移話題需要一定技術含量，絕不能隨心所欲。假如你轉移的話題過於突兀、跟原來談話內容風馬牛不相及，對方會認為你是故意的。另外，轉移話題還需要高超的語言技巧，你才能將相距甚遠的兩個話題連在一起，順利轉換話題。

偶爾講善意的謊言，能增加人際關係的甜度

現實生活中，一般人都不喜歡撒謊的人。但有時面對十分棘手的問題，我們不得不撒謊。比如老人年紀大了，承受挫折的能力也相應地減退，如果家中發生不幸的事情，我們會想方設法地瞞著他們。

再比如，當你約會遲到了，與其說忘了時間，不如說路上堵車，鬧鐘出問題。這樣的謊話其實不會對事情本身造成什麼嚴重後果，反而會使事情得到更好的解決。因此，應該說善意的謊言時候還是得說。

錦霞最近和老公的關係相當緊張，前幾天甚至傳出要離婚的消息，本來

挺恩愛的小倆口為什麼突然要離婚？原來是錦霞在不經意間說出一句「大實話」。

有一天晚上，夫妻二人靠在沙發上，欣賞正在熱播的青春偶像劇，影片裡男女主角正愛得如膠似漆，女主角深情地問對方：「你到底愛不愛我？」男主角隨即說：「我當然愛，因為是我身體的一部分。」

錦霞聽了這句話後，自言自語：「這真是個具有智慧又帶點禪意的回答！」錦霞的老公生性敏感，聽她這麼說，上下打量她一眼之後，很不高興地問：「妳是不是也把我當成妳身體的一部分？」

錦霞對老公質問式的語氣有點反感，只好敷衍回答：「你當然是我身體的一部分。」錦霞以為這樣回答就可以交差了。

誰料老公聽完之後，卻不甘休而繼續問她：「那麼，我到底是妳身體的哪一部分？」老公本來是想聽錦霞說幾句甜言蜜語。

可是，錦霞卻無奈地笑了笑，想逃避這個問題。老公再三地追問，錦霞情急之下，只好將真實的答案脫口而出。她非常誠懇地回答：「你是我的盲腸！」

可想而知，本來就有些不悅的老公，聽到這個答案後，會有什麼樣的反應。

在這個故事中，錦霞對老公說了一句不應該說的大實話，使得夫妻關係緊張起來。倘若錦霞趁機說一些甜言蜜語，哪怕是一些謊話，可能會是另一種結果。

在必要的時候，我們必須學會說善意的謊言。其實，當別人對你打破砂鍋問到底時，千萬別在情急之下就將真實想法脫口而出，因為這可能會讓你吃足苦頭。

在這個世界上，滿嘴謊言的人肯定不會受人歡迎。但是，一個人要是連一句謊言也不會說，在任何場合都說實話，也很難讓人喜歡，因為「水至清則無魚，人至察則無徒」。

趙明在一家著名大企業上班，某天下班後，和同事林阿志走在一起。林阿志這些天心裡十分鬱悶，和老闆的關係很緊張。二人邊走邊聊，林阿志控制不住自己的情緒，指出老闆對待他的種種不公平，還把老闆的無知、淺薄及一些醜事通通順口說了出來，最後還忍不住大罵一通。

過了幾天，老闆在趙明面前談起林阿志，言談之間很不客氣，怒斥林阿志的不顧大局、平庸無能、不思進取、不善開拓等諸多缺點。最後，老闆問趙明，可曾聽見林阿志在他面前說過自己什麼壞話？趙明聽了心想：「這下可怎麼辦？」

在這個世界上，每個人都是凡夫俗子，都有優點、缺點，以及自己的喜怒哀樂。任何人對自己、對他人常常有各種不滿，難免東家長西家短地議論別人，並且在議論的過程中，稍不留神就帶入自己的情緒。

這些發自個人情緒的評價，不一定是客觀公正的。倘若人們在往來中把這些話語四處傳播，只會讓大家都受到傷害，讓人際關係變得空前緊張。因此，在人際交往中，適當地說一些小謊言，可以使人際關係更融洽、更親近一些。

正如上面的例子，如果趙明對老闆說實話，無異是火上澆油，促使老闆與林阿志的關係更加緊張。

但如果趙明撒一點小謊：「阿志人挺好的，從來沒有在我們面前說過什麼閒話！相反地，他倒是挺佩服老闆的魄力。至於最近有點不開心，他說可能是在某些事情上鬧了點小誤會，他會好好處理的。你放心，林阿志自己會處理好這件事。」

老闆不僅怒氣馬上消退，也會立刻反躬自省，認真地考慮對待員工的問題。很快地，一場本來可能導致兩人大動干戈，甚至讓老闆難堪、同事失業的爭端，就此化干戈為玉帛了。即使有一天老闆發現趙明講的不是實話，也不會怪罪趙明，他會認為趙明為人厚道、心地善良，善意的謊言也是出於一片好意。

俗語說：「會做媳婦的兩頭瞞，不會做媳婦的兩頭傳。」家庭生活中，難免有些雞毛蒜皮的小事，不一定非要講實話，若換個方式用一些善意的謊言，可以化解尷尬和誤會，也是一種適應現實及世俗的明智之舉，何樂而不為？

在工作或其他方面也是如此，誰都有不願意招惹麻煩的情況，學會一套能不招惹是非的自保方法，適時說一些善意的謊言未嘗不可。這樣做的目的不是要違背誠信，而是為了他人和自己著想。

譬如，和其他人約會時遲到了，當事人會找出種種藉口為自己辯護，例如：「我起得很早，沒想到路上塞車」、「手錶沒電」、「路上幫忙」等。在工作中，有時碰到不知道該怎麼回答的問題，撒一些小謊或答非所問來轉移對方的注意力，例如：「在談論這個問題前，我們先聊聊……」，跟對方說一些沒什麼關聯的閒話，都比直白的實話更容易讓人接受。

如果涉及的問題關係到個人隱私，不妨直接了當地表明自己的態度，告訴對方「這件事太複雜」或「這個問題改天再說」，都屬於善意的謊言。一個人在說話時越懂得變通，為人處世就越靈活，不論在日常生活或是工作職場，都可以減少不必要的阻礙，更活躍自在。

重點整理

- 做和事佬時，懂得察言觀色與左右逢源十分重要。
- 圓場不好打，要先理解雙方的心情，想一碗水端平，反而容易惹火上身。
- 想創造雙贏，從相同的利益切入，會讓對方更主動，收到更好的效果。
- 高明的說話者在說服別人時，懂得迎合對方的喜好，讓他覺得受到重視。
- 模糊語言是一種高明的交際手段，展現一個人隨機應變的能力。

第3章

讀心課：
你懂得「察言觀色」，
幫談吐「加到滿分」

善用表情與肢體動作，幫你談吐更加分

語言會顯示一個人內在的思想和智慧，而舉止則有效地彰顯一個人外在的風度及形象。高明的說話者不僅談吐動人，表情及動作也得體。

因此，恰當地展現姿勢和動作，會讓個人的表達更有魅力。與人談話時，若能正確運用肢體語言，將為日常生活及工作帶來更多好處。

微動作，讓說話也帶有顏值及表情

一個人的舉手投足、一顰一笑，都會傳遞大量的資訊，顯露主人翁的思想情

感、愛憎好惡及文化修養。因此，完美的肢體動作是巧妙運用語言的前提。設計肢體動作的過程，會使兩個人的交流更聲情並茂，讓談話者顯得更有風采。關於怎麼運用，在這一節裡，我們將從幾個區塊來探討。

▼**坐姿：**除了發表演說之外，大多數人在說話時多半是坐著的，因此坐姿相當重要，一定要保持自然端正，如果斜靠在椅中，盤腿或把手臂擱在椅背上，會受人輕視。一定要格外注意這些細節。

根據統計，多數人聽演說時座位安排的習慣，可分成好幾種：**喜歡中間座位，可讓其他人圍坐在身旁；喜歡會場角落，因不喜歡引起他人注意。對演說者來說，最好的座位安排是面對聽眾，讓聽眾可以清楚地看見自己。**

▼**腿部的姿勢：**姿勢是控制情緒的人體訊號。一個人無論坐還是站，腿部往往會呈現出三種姿勢：兩腿分開、併攏或交叉。它們分別呈現談話者不同的情緒反應。

●兩腿分開的坐姿屬開放型，顯示談話者穩定、自信，並有親近談話對象的傾向。

●兩腿併攏則顯示比較正經、嚴肅的形象。

●兩腿交叉屬防禦型姿勢，顯示談話者性格害羞、忸怩、膽怯，或為人比較隨便散漫。

此外還有一種姿勢：蹺腳，也就是俚俗常說的「蹺二郎腿」。有些專業人士覺得它不拘禮節，年長者普遍認為它不可取（尤其是針對女性），現代青年則藉此展現自己的不拘小節。

▼**手部的姿勢：發表意見時，要特別留心雙手怎麼擺放≤最好的方式是讓它們自然地垂在身體兩側。**如果談話者認為這樣不自然，不妨把手插在口袋，或放在背後，目的是讓談話者可以放鬆情緒，不會太在意雙手會影響或妨礙聽眾的目光。

▼面部表情：主要指一個人嶄露情感體驗時，臉頰、眉毛、嘴唇等部位的反射動作。因為常配合說話的內容，交談時的使用頻率比手勢來得更高。

根據統計，較常使用的面部表情有以下的涵義：點頭表贊同、搖頭表否定，昂首表驕傲、低頭表屈服，垂頭表沮喪、側頭表不服，咬唇表堅決、撇嘴表藐視，嘴角向上表示心情愉快，嘴角向下表示心懷敵意。此外張嘴露齒表示高興、咬牙切齒表示憤怒，鼻孔張大表示憤怒、鼻孔朝人表示輕蔑，目瞪口呆表示驚訝，神色飛揚表示得意。

看懂13種眼神與眼色，就能見風使舵

在溝通的過程中，具備察言觀色的技巧是非常重要的，這是人際往來的基本要素。一個不懂察言觀色的人，處世時有如航行不看風向，可能因為一個誤判就在小風浪中翻船。

聽，他的眼色在說話

從一個人的眼神可以窺測他的內心世界，因此眼色是臉色中最應關注的重點。想練到察言觀色的最高境界，就要懂如何推理判斷眼色。更具體來說，善聽

弦外之音是「察言」的關鍵所在，「觀色」則類似判讀天氣。看一個人的臉色就像看雲、識天氣，具有非常高深的學問。

世上不是所有人都喜怒形於色，作家三島由紀夫在其著作《不道德的教育》中寫道：

某位法國將軍帶兵連勝之後，有人當面誇讚他：「將軍，您真是位了不起的戰術家。」將軍聽後，低頭默默注視著自己的鬍子。恭維者捕捉到這個動作，立刻轉換話題：「將軍，您的鬍子真是太美了！」「真的嗎？」恭維者的讚美讓將軍終於開懷大笑。

恭維對方被忽略的優點及特點，往往會獲得令人驚喜的效果。當然，想在最適當時間抓住適當話題，就要經過刻苦的訓練。尤其在社交場合中，一定要觀察對方的眼神（甚至表情和坐姿等細節），從回饋中準確判斷對方的態度，假如發現苗頭不對，就要立刻打住話頭，千萬不要環環「相逼」，否則不僅達不到交流的目的，更導致雙方都陷入尷尬的境地。

某個縣令剛剛上任，去拜見某位權宦時，一下子想不出話題，便問對方的姓氏。

「大人的姓氏，百家姓中似乎沒有。」

「我是旗人。」那人心生不悅，勉強回答。

「那您是哪一旗的？」縣令忙又問。

「正紅旗。」

縣令沉吟一下，說：「正黃旗最好，大人為什麼不是正黃旗？」

「你是哪裡人啊？」

「廣西人。」縣令趕忙回答。

「廣東最好，你為什麼不待在廣東？」縣令這時才發現那位大官滿臉怒氣，於是趕緊告退。

其實，察言觀色不外乎是一個回饋的過程，也就是說話者發出一定的資訊後，獲知聽眾是否真正接收了資訊。如果這個過程及時，談話者在傳遞資訊時，就可以立刻接收到對方回饋的反應，然後據此及時調整資訊的傳送量及傳送方式。

至於回饋的形式，其實十分多樣化，它可以透過對方的詢問、回答或重複發言來展現，也可以由對方的態度、表情、姿態等去瞭解他的反應。因此，在與人交流溝通時，一定要關注對方的眼神變化等，越瞭解對方的需要，越能把握對方的心情，雙方的談話就會更加融洽。

13 種眼睛的微表情，抓得住他

眼睛在五種感覺器官當中是最敏銳的，大概佔感覺領域的百分之七十以上。有些現代心理學家認為眼睛是瞭解一個人的最好工具。一個人的語言可以修飾，穿衣風格也會出現變化，但眼神反映出的細微差別往往難以隱藏。

根據研究指出，深層心理中的欲望和感情會首先反映在視線上，諸如視線的移動、方向、集中程度等，都表達出不同的心理狀態，因此觀察視線的變化，有助於讀懂眼色，知曉內心狀況。

這種透過眼神、目光深入他人內心的能力，是人類獨有的。從生物學的角度來看，在所有的靈長類動物中，只有人類的眼睛在瞳孔之外還有眼白，生物學稱之為「鞏膜」。正因為鞏膜的存在，人們可以觀察到目光的變化，有助於互相理解和交流。

半個月前，公司接手一家大型網路遊戲公司的推廣業務。婷娟覺得自己的機會來了，如果自己的方案被採用，不僅有機會加薪還可能升職。她躍躍欲試，用了一週左右的時間，精心設計出一套自認為很好的方案。

這天公司召開方案會議，CEO親自主持，各部門的主管全數出席。口才一向不錯的婷娟可能是太想成功或太緊張了，竟然結結巴巴、頻吃螺絲。

CEO低頭看了看婷娟提交的方案，然後抬起頭看著她，眨了眨眼，目光友好、坦率且帶著微笑。但婷娟覺得這是在嘲笑自己無能，頓時腦子裡一片空白，把剩下的內容說得更七零八落。最後，她的方案果然沒有被採用。

很多時候，人們會流於主觀臆斷，然後妄自菲薄，因為過度緊張及敏感，而把別人的積極態度理解成別的意思。尤其職場上，員工在和主管交流溝通時，可以對主管的言語、表情、手勢、動作，以及看似不經意的行為，有較敏銳、細緻的觀察，這是把握主管真正意圖的先決條件。

能準確地測得風向，才能適時見風使舵。但想要有意地、主動地從眼神中透視主管的心態，必須掌握一些技巧。以下歸納十三種常出現的眼部微表情：

▼**目光閃爍：**眼神游移傳達的資訊一般有兩種，一種是聰明而不行正道，另一種是深謀內藏又怕別人窺探。前一種眼神大多是品德欠高尚、行為欠端正的表現，而後一種則多是奸心內萌、深藏不露的表現。

此外，**說話時眼神閃爍不定，也顯示精神不穩定。據調查發現，犯罪者在**

坦承罪狀之前，通常會有這樣的狀態，多半是因為心中藏有某事或有所愧疚所導致。仔細觀察周圍是否有這樣的人：他們四處張望，目光像流水般遊移不定。這種眼神背後一般都是有所算計，在心中打小算盤。工於心計、城府較深的人，才有這樣的眼神。

▼**冷眼看人**：容易給人一種不友善的感覺。這種眼神的背後一般比較謹慎多疑，考慮事情時常常想得非常周到，會把各種各樣的細節都考慮進去。

常出現這種眼神的人，性格往往比較冷，辦事時會苛求完美，生活中也十分嚴謹、不苟言笑，不會與同事、家人或朋友開一些過火的玩笑，為人處世顯得小心翼翼，不會輕易去得罪別人。當然誰要是得罪了他，那他會展開一系列的報復來反擊，讓自己的心理得到平衡。

無論對誰，他們內心深處的熱情都保留三分，心中沒有惡意也不一定是壞人，只是已養成懷疑的習慣，習於保持懷疑的姿態。

▼**眼角微皺：**心理學家發現，一個人由衷高興時，眼角會出現皺紋（魚尾紋）。至於社交禮貌式的微笑，往往是只涉及唇部動作的微笑甚至假笑。

▼**目光直視對方：**交談時雙眼直視對方所傳遞的資訊，包括在一起很放鬆、很自信，對談話很專注。因此保持目光接觸，能給人留下良好的第一印象。

▼**長時「閉」眼：**閉目、遮住雙眼或視線往下的心理潛台詞，是「我根本不想聽到這件事」。比如老闆要求員工加班時，員工可能會邊揉眼睛、邊回答「沒問題」，但事實是他根本很難高興起來。

▼**頻繁眨眼：**心理學家及儀態訓練師發現，緊張或困惑會導致眨眼頻率增加。此外，當人們撒謊或感覺壓力比較大時，也可能不知不覺地頻繁眨眼。

▼**眼皮下垂：**當談話對象不怎麼眨眼，卻眼皮下垂、一臉茫然時，說明當事人沒

有用心聽你講話。厭倦時的肢體語言還包括反覆敲手指、打哈欠、看錶等。

▼**眼神上揚：**也就是眼睛向上看。這種表情經常出現在開玩笑時或戀人之間，多伴配合下巴微微內收的動作。它的潛台詞有時是裝無辜，或傳達一種羞**怯靦腆的訊號，有時還表示一種順從謙恭的姿態。**

一般來說，**女性眼神上揚是一種「表示順從」的姿勢，對異性有著極強的吸引力。**大多數的人平時不會有意識地去模仿、練習這種眼神，但在交談時露出這樣的眼神，有時會收到意想不到的奇妙效果。

▼**兩眼無神：**在失去鬥志、希望的人臉上，經常會看到這種目光。兩眼無神的人往往性格比較軟弱，做事不夠堅毅果斷、缺乏恆心，一旦受到打擊就一蹶不振，尤其遇到棘手問題，會顯現沒有信心、缺乏鬥志的軟弱感。

▼**眼珠亂轉：**一個人的眼睛左右轉動或向下看時，通常表明「正在處理信息」。

求職時要儘量避免這樣的眼神，否則容易被誤解為缺乏誠意，或試圖掩蓋某種事實。

▼**瞇眼：**瞇眼可準確顯示不適、壓力、評判甚至憤怒的情緒。交談中露出瞇眼的表情，通常表明對聽到的內容產生懷疑、抱持不同意的觀點，或是沒充分理解。

▼**瞪大雙眼：**當人們對某人或某物非常感興趣時，瞳孔常常會放大。

▼**眼睛發亮：**有研究指出，眼睛裡折射的光芒會隨情緒波動而改變。因此，高興時眼睛會發光，悲傷抑鬱時，眼神則會顯得暗淡。

總之，眼睛是心靈之窗，其表情比任何語言都豐富。在日常生活或職場中與人打交道時，若可以細緻地觀察對方的目光，就能準確洞悉他的內心世界。

笑容可真可假，玄機總是藏在細節裡

笑容可說是最美好的表情，具有無邊的魅力，真實反映出一個人的內心世界。在與人交流的過程中，一個微笑的效力甚至超過千言萬語。它不但是自信、禮貌的象徵，也是傳達善意、友好的橋樑，更體現出成功者的涵養與情感。

會說話的人往往面帶笑容。舉個例子，服務業的經營者都有一個共識：寧可雇一個小學肄業、但隨時能露出美麗微笑的員工，也別聘用面孔冷漠的哲學博士。這番話聽起來有些極端，卻說出一些道理。

世人天生都有的，世界通用的語言

在所有的表情中，最能征服人心的就是笑容。尤其源於內心、表達真情實感的微笑，更是說服他人最有效的心理武器，而且真笑或假笑其實有非常明顯的區別。

有研究發現，人的笑容是由兩套肌肉組織所控制。第一是「顴骨處肌肉」，它可以帶動嘴巴微張、雙唇後扯、露出牙齒以及提升面頰，然後將笑容扯到眼角上。第二是「眼輪匝肌」，它可以經由收縮眼部周圍的肌肉，使眼睛變小、眼角出現褶皺。

顴骨處肌肉是人們能夠有意識地控制的。即使沒有開心的事情發生，多數人也可以調動這部分肌肉，引起雙唇四周肌肉的收縮來製造出虛假的笑容。

但眼輪匝肌是不受人們的意識主動控制的。一個人發自內心開心時，不僅雙唇後扯、嘴角上提，還可以帶動眼輪匝肌的運動。因此，眼輪匝肌調動的是發自內心的真心笑容。想看一個人的微笑是否由衷，有時可以從眼角出現的魚尾紋看出一點端倪。

微笑會對人際關係產生巨大的影響作用，但只有發自內心的微笑，才能真正感染他人。那麼，微笑時容易出現哪些壞習慣？該如何矯正？

1. **微笑過度，嘴張得太大**：嘴咧得太大，會給人一種傻乎乎的感覺。如果不想被人說傻，就要想法把嘴巴的開合度控制好，最好能做到不露或剛露齒縫。

2. **笑得不自然，皮笑肉不笑**：想要避免皮笑肉不笑的毛病，首先必須解決根本態度的問題。現代心理學家已經找到真笑和假笑的區別。

在交談中能夠平等地看待並尊重對方的心情、人格和自尊心，微笑就是真誠、美麗且具有強大的感染力。抱持真誠的態度加強訓練，笑容就會幫助你達到良好的交談效果。

當然，不是在所有場合都要面帶笑容。當召開重要會議、處理突發事件、參加追悼大會或在演說場合時，都應收斂謹慎，考量是否適宜。總之，在運用微笑表達感情時，首先要真誠自然、適度得體。尤其在不該笑時，更不能以笑容表達感情。

發自內心的微笑表露了人們的美好心靈，也是心地善良、待人友好的表現。好好練習微笑，可以讓語言的表情千變萬化，展現人們豐富多彩的內心世界。

從對方說話的語調，察覺情緒變化

人的聲音往往會隨內心世界而變化，因此可以透過「聲」和「音」觀察交談者的情緒起伏。此外，聲音除了表現一個人的性格、人品之外，也是預測個人前途的線索。當無法從對方的臉部表情、動作或言辭掌握他的心態時，還可以透過對方的聲調變化，揣摩他的喜怒哀樂等情緒反應。這裡列舉出幾種較常見的聲音表情：

▼高亢尖銳的聲音：女性若發出這種聲音，往往情緒起伏不定，對人的好惡感也十分明顯。說話者在這種情況下一般較神經質，對環境有強烈的反應，當房間

變更或換張床就睡不著覺，說起話來滔滔不絕，積極向他人灌輸自己的意見和觀點，而且很容易因為一點小事勃然大怒。所以，和這種人交談時，盡量不要反駁，表現出謙虛的態度會讓她們深感滿足。

男性若發出這種聲音，通常個性狂熱，容易興奮也容易疲倦。這種人擅長表現個性，並掌握成功之道。這也是最重要的特徵之一。

▼溫和沉穩的聲音：音質柔和、聲調低的女性，多半性格內向、慢條斯理，隨時顧及周圍的情況，控制自己的感情。她們一般很有同情心，也渴望表達自己的觀念，因此應該儘量讓她們抒發感情。

男性的聲音溫和沉穩，乍聽之下很老實，其實往往固執己見、絕不妥協，不會討好別人，也非常不願意受到別人的影響。和這種人交談時，剛開始或許難以溝通，但他通常是忠實可靠的對象。

▼沙啞聲：女性發出沙啞聲往往較具個性，即使外表顯得十分柔弱，也具有強烈

的性格。她們對待任何人都親切有禮，卻不輕易暴露自己的真心，會給人留下難以捉摸的感覺。雖然她們可能與同性意見不合，甚至受人排擠，卻容易獲得異性歡迎。她們對服裝的品味很高，也具有音樂、繪畫的才能。要注意的是，面對這種類型的人，不要強迫灌輸自己的觀念。

男性帶有沙啞聲者，經常是耐力十足又富有行動力，即使面對一般人裹足不前的事，也會卯足勁往前衝。他們的缺點是容易自以為是，而對一些看似不重要的事掉以輕心。這種人會憑著個人力量拓展勢力，在公司、團體裡率先引導他人，遭遇失敗時會燃起鬥志、全力以赴。

▼**粗而沉的聲音：**不論男女，若發出有如來自腹腔的沉重聲音，往往具有樂善好施、喜愛當主管的性格；喜好四處活動而不願靜候家中，隨著年紀的增長，體型可能會變得肥胖。

這種類型的人不論男女多半都交友廣泛，善於和各種類型的人往來。女性一般都容易相處，尤其在同性當中人緣較好，相對受到信賴，常成為其他人請教的對象。男性多數從事政治或投身商界。缺點是感情脆弱又富正義感，而且很容易就衝動購物，買一些高單價的商品。

▼**嬌滴滴而黏膩的聲音：**女性發出帶點鼻音而黏膩的聲音，通常是十分渴望受到眾人歡迎，這種人往往心浮氣躁，有時過度希望引起別人好感，反而招人厭惡。倘若是單親家庭的孩子，則表明內心期待著年長者溫柔的對待。

男性如果發出這種聲音，多半是獨生子或在百般呵護下長大的孩子。這種人獨處時會感到十分寂寞，在必須自己判斷事物時，很容易不知所措。他們對待女性十分含蓄，一對一和女性談話時，會特別緊張。在別人眼中顯得優柔寡斷。

手勢是動態語言，會透露對方沒說出口的話

手勢是人類從語言中樞建立的特定語言系統，是人體語言當中最豐富、最具有表現力的一種。在現實生活中，人們會借助各種手勢，來表達個人的思想及感情。適當地運用手語，既可以讓表達的方式更形象化，又能充分地傳達說話者的感情。

在日常交流中，雙手具有不可或缺的重要性。有時，為了尋求幫助或佔領先機，人們不得不主動伸手以示友好，或是乾脆坦率地攤開手掌，亮出自己最後的底牌。

手勢是動態語言，沒說出口的交給它

研究表明，手勢能夠有效地反映情緒。當一個人情緒十分飽滿，想要傳達的資訊十分強烈，口頭語言已不足以攜帶全部的資訊時，藉由手勢也能充分表明他想傳遞的資訊。

像是慷慨激昂時，人們會揮舞手臂；義憤填膺時，人們會攥緊拳頭。因此，人們經常說手是人的第二張臉。在與人交談時，使用頻率最高、形式變換最多，最有表現力、感染力、吸引力的就是手勢語言。

針對這個說法，我們設計這樣一個實驗：要求三名演講者在長約二十分鐘的演講過程中，分別使用三種手勢：手心向上、手心向下、握拳。與此同時，研究員記錄在每位演講者講演期間，觀眾們出現哪些動作和表情，並由此統計出他們對演講者的支持率。

後來我們發現，使用「手心向上」這種手勢頻率較高的演講者，獲得觀眾百分之八十四的支持率。演講的內容不變，使用「手心朝下」這種手勢獲得的支持率為百分之五十二。

使用第三種「握拳」手勢的演講者獲得的支持率更低了，僅有百分之二十八，在他演講的過程中，甚至有觀眾提前退場。

可見得，**手勢是一種表現力極強的肢體語言，具有描繪事物、傳遞心聲、披露感情、加強口頭語言力度及組織指揮等功能**。特別是在職場上，和主管溝通交流時，稍微注意手部動作，更能明瞭他的觀點及態度。

例如：有些主管特別喜歡在說話時背手交握，配上抬頭挺胸、下巴微微揚起的動作，特別是在檢查工作或面對部屬時，這種姿勢不管從哪個角度看，都能營造一種權威、自信的感覺。這是因為這種姿勢總是與權威、信心和力量相伴。

但是，**雙手背在身後的動作，表示內心充滿挫敗感或憤怒情緒，希望可以藉這個動作找回主控權**，更值得一提的是，抓握的那隻手位置越高，表明心中的挫敗感或憤怒情緒越強烈。

有些人喜歡在說話時搓手掌，心理研究發現，摩擦兩掌傳達的是渴望美好，比如主管在宣佈年度銷售業績大幅度提高時，往往會不自覺地搓搓手掌，這代表他發自內心的喜悅。還有一種情況，如果對一件事情猶豫不決，也會互搓雙手，只要你站在主管的角度略加思考，就能清楚不同情境下搓手代表的不同含義。

很多人在聽別人說話時，喜歡一隻手托著腮，這種動作其實是一種替代行為，用自己的手代替母親或是情人的手，來擁抱、安慰自己。這種姿勢一般在心中不滿、心事重重的人身上出現，藉此填補心中的空虛與不安。

但是當主管托著腮聽部屬說話時，往往表示他覺得話題十分無趣，談話內容無法吸引他，或者他正在思考自己的事情，希望部屬聽他說話。

有的人個性比較強，在說話和打電話時，總是比手畫腳，而且動作幅度大、行為誇張。這種人通常感情比較豐富，心中有事不吐不快，總是喜歡表達自己的情感，宣洩自己的情緒。

他們工作能力強，可以非常流暢地表達出自己想說的話、想做的事，並且輕鬆地傳達給別人。他們辦事的成功率比較高，能夠帶動他人和自己一起往前衝，是創造活躍氣氛、讓大家團結一致的高手。豎起拇指通常被看成是高度自信的訊號。部屬可以透過這個動作，有效評估上司的狀態是自我感覺良好，還是苦苦掙扎。

張開的手掌向來都是代表真實、誠實、忠誠和順從的意涵。因此，想要瞭解主管的態度是否坦誠，只要看看他的手掌就行了。當他想表示自己的坦率和誠實時，會把一個手掌或兩個手掌向對方攤開，這往往是一種下意識的動作，表明主管對部屬是完全開誠佈公。

人人都可自帶，說話時的表情包

不少專家認為，**當一個人產生一定的情緒時，身體的交感與副交感神經系統，會隨著發生變化**，刺激體內的激素上升或下降，進而引起軀體產生細微的、不自主的運動。

史密斯上班的第一天，非常熱情地與同事們一一握手，同時向每個人微笑點頭致意。史密斯相貌堂堂、衣著得體，看起來儼然是成功的公關人員。

他緊緊握住每位同事的手，非常用力地搖晃。

不久後，有一種說法在女同事之間傳開：「最好和那個新來的史密斯保持距離，他可不是個好惹的人哦！」於是，公司裡的女同事都儘量減少與史密斯的交往。但在這家公司裡，過半數的管理者都是女性。

優秀的說話者應該學會認真觀察生活，經常注意別人的手部動作變化。能否恰當地使用手勢，直接關係到口才表達的主體形象。在與人溝通時，從頭到尾只用一個手勢會顯得較呆板，但要防止手勢動作過多顯得輕佻做作，還要避免一些壞習慣，例如：用手指著對方的鼻子；不停用手擺弄釦子、撫摸茶杯等；總是重複同一個動作。

在訓練口才的過程中，要不斷訓練手勢動作，趨近恰到好處，充分發揮手勢語言的功用，才能加深口語表達的效果。

人際距離恰到好處，能營造舒適的交流空間

什麼是身體距離？說得簡單一點，身體距離就是私人空間。它是環繞在人體四周的一個抽象範圍，無法被準確地劃出一道明確的界限，但確實存在。舉例來說，在擁擠的地鐵或公車上，當有人過於接近自己時，一般人都會從內心深處產生不安全感，這種自覺或不自覺的不悅情緒，多半會透過移動位置來消滅。

不想被討厭，別戳破安全距離的社交「氣泡」

心理學家曾做過這樣一個實驗：進入剛開門、只有一個使用者的圖書室裡，

自行搬一張椅子坐在對方旁邊。結果證明，在八十個被試驗的對象當中，沒有人可以忍受一個陌生人突然靠近自己坐下。被試驗者大多立刻且默默地遠離到別的座位，有人甚至乾脆明確開口問：「你想幹什麼？」

這個實驗至少可以說明一個事實：**人與人之間需要保持一定的空間距離**。不管任何人都需要在自己的周圍，畫下一個可把握的「自我空間」，它就像一顆無形的氣泡，為個人割據出一定的領域。當這個自我空間被人觸犯時，多數人會感到不舒服、不安全，甚至會惱怒。

美國人類學家愛德華．霍爾博士依據交往雙方的人際關係，以及所處情境，劃分了四種區域距離，發現從距離與對方的對稱關係，會決定相互間自我空間的範圍。

▼**親密距離**：這是人際交往中最小的間隔，最近範圍約在十五公分之內。在這個領域裡，交流的雙方能夠肌膚相觸、耳鬢廝磨，也可以清楚地感受到對方的體溫、氣味和氣息。

一般來說，在異性之間，只有情感交流十分密切的對象（通常是戀人），才進入這個距離，而同性會觸及這個距離的，肯定是最親密的好友。在人際交往中，通常保持在稍遠的距離，也就是十五到四十四公分之間。要格外注意，社交場合中不管距離不夠近或過於接近，都可能引起對方的排斥甚至反感。

▼**朋友距離：**近距離一般是在四十六到七十六公分，這是與比較熟悉的人交往的空間。遠距離則約莫在七十六到一二二公分，這個範圍內，普通朋友或熟人都可以自由地進入其中。

處得較為融洽的熟人交談時，會保持在七十六公分，也就是身體既沒有其他親密接觸，又剛好能相互握手、友好交談。不熟悉的朋友交談時，通常會保持一二二公分的距離。陌生人一旦越過這個範圍，就會造成入侵感。

▼**社交距離：**日常生活中，不論是親密距離或朋友距離，通常都是針對非正式社交場合。在正式社交場合中，則更適用社交距離。

社交距離的最近範圍，一般是一百二十到二百一十公分，這個數據是一般的工作環境和社交聚會的標準距離，充分體現社交及禮節上較正式的關係。舉個例子，我們曾舉辦一場座談會，工作人員安排座位時，放置兩張並列的單人沙發椅，卻沒有在中間擺放延長距離的茶几，結果發現，與會者都選擇儘量靠到沙發外側的扶手、身體呈向後仰的姿勢。

由此可見，不同的情境、關係就要有不同的人際距離，假如兩者不對稱，都會讓一方或雙方心生不適。

更正式的社交關係，交談者之間的距離則約在二百一十到三百七十公分。譬如，公司高層會用一張大而寬的辦公桌，將來訪者的座位放在離有一段距離的位置，在談話時，確保一定的距離。此外，在一般企業或政府官員在進行談判、招聘，或學生論文答辯等場合，雙方之間也會隔一張桌子，以增加莊重的氣氛。

▼**公眾距離：**最近範圍通常在三百七十到七百六十公分，這是最適合一名演講者

與聽眾之間的距離。當演講者試圖與某個特定聽眾談話時，必須走下講台，使其縮短成個人或社交距離，才可以實現有效溝通。

公眾最遠範圍在七百六十公分之外，屬於可以容納任何人的開放空間。在這個領域內，大多數人可以對其他人視而不見，因為相互之間可能沒有任何聯繫。

來而有往的社交距離，交流會更順暢

當他人越過一定私人交往距離時，一般人通常會產生厭惡的情緒，這種情緒又激發消極的心理暗示，使被越界者對這個人產生不好的印象。所以，在與人交往時「不論是身體或言語」應該更謹慎調控與別人的距離，以達到積極心理暗示的效果。

大學剛畢業的李強，找了一份廣告設計的工作。由於剛剛畢業，李強進入公司後表現得十分謙虛，對公司上上下下的人都很熱心，不論誰有困難，都會全力以赴幫對方解決。

開始時，同事們都很喜歡李強，可是一段時間後，眾人開始疏遠他。同事每次得到他的熱心幫助後，都表現得很不樂意。為此，李強感到非常困惑。

根據多數的心理學家的分析，一個頭腦清醒、身體健康的人得到或付出都是出於自身的需要，而在人類的社交活動中，這兩種需要應該保持平衡，倘若付出遠大於獲得，或反過來獲得遠大於付出，彼此的關係就很難維持。

也就是說，一味地付出、不給別人回報的機會，久而久之會帶來心理壓力及愧疚感，使受惠一方只能選擇逃避，導致彼此關係失去平衡。

儘管以上四種距離都有一些數字範圍，但是不同國家、民族或文化背景，對交往的定義也不盡相同。這種差距是由於人們對「自我距離」的理解不同所造成的。

很顯然地，相互交往時空間距離的遠近，是交往雙方是否親近、友好的重要標誌。因此在與人交往時選擇正確的距離，是非常重要的。

曾經，有個小夥子愛上一個女孩，向女孩求婚卻當眾遭到拒絕。女孩後來惱怒地說：「他竟在離我八英尺（約二點五公尺）的地方談這種事。」自然，這種社交距離不是談婚論嫁的場合。人際交往的空間距離不是固定不變，而是具有一定的伸縮性，依賴於具體情境，交談雙方的關係、社會地位、文化背景、性格特徵、心境等。

不同國家、民族、文化背景的交往距離也不同。這種差距是由於人們對「自我」的理解不同所造成。例如北美人理解的自我包括皮膚、衣服，以及體外幾十公分的空間，而阿拉伯人的自我則只限於心靈，甚至把皮膚當成身外之物。因此，在人際交往上，往往出現阿拉伯人步步逼近，總嫌對方過於冷淡，北美人卻連連後退，接受不了對方的過度親熱。

在交際活動中，同樣是歐洲人，法國人喜歡保持近距離，甚至近到呼吸也能噴到對方臉上，英國人卻感到很不習慣，更樂於維持適合自己的空間範圍。

一般說來，有權力、有地位的人對於個人空間的需求比較大。中國古代的皇帝坐在高高的龍椅上，與大臣們拉開較大的距離，獨佔較大的空間，而群臣在皇帝面前都要彎腰低頭，眼睛不能直視皇帝，退朝時還要背朝外出。

所有這一切都表現了皇帝至高無上的權力與地位。當人們接觸到有權力、有地位的人，不敢貿然挨著他坐，而是儘量坐在離他遠一點的地方，都是為了避免因侵犯他的自我空間，而惹他生氣。

人們確定相互空間距離的遠近，不僅取決於文化背景和社會地位，還有性格和具體情境等因素。例如，性格開朗，喜歡社交的人比較喜歡接近別人，也能夠容忍別人靠近，他們的自我空間較小。

性格內向、孤僻的人不願主動接近別人，寧願把自己孤立地封閉起來，對靠近他的人非常敏感，當自我空間受到侵佔時，容易產生不舒服感和焦慮感。

此外，人們對自我空間的需求，也會隨著情境而變化。例如，在擁擠的公共汽車裡，人們無法考慮自我空間，於是容忍別人靠得很近，這時候已經沒有親密距離或是公眾距離的界限，自我空間很小，彼此只能透過躲避別人的視線和呼吸，來表示與別人的距離。

若在較為空曠的公共場合，人們的空間距離就會擴大，譬如在公園涼亭和較空的餐館裡，別人毫無理由挨著自己坐下，就會引起懷疑和不舒服的感覺。

所以，人們有時會透過選擇適當的位置，獨佔一塊公共領地。如在公園涼亭，假如你想阻止別人和自己同坐一條長凳，那麼從一開始就要坐在長凳的中間，這會給人一種印象，似乎凳子比較短，你就可以成功地在一段時間裡獨佔這條凳子。

知道人們所需的自我空間及適當的交往距離，就可以透過空間距離的資訊瞭解一個人的社會地位、性格，以及人們的相互關係，更輕鬆進行人際交往。

點到為止的閉嘴時機

在與人交流溝通時，我們都應該掌握說話的分寸，在應該閉嘴時閉嘴。不懂得察言觀色，只是一味地發表自己的意見卻毫不顧忌別人的感受，人際關係將會變得越來越差。

家長會上，文媽媽一直左顧右盼、四處插嘴。

「你們家孩子這次考得怎麼樣？」

黃媽媽回答，孩子比上次退步了一點，神色已透露出不想細談的意思。

文媽媽仍舊不停追問。黃媽媽再回覆一句：「孩子這次沒考好，落成第二了。」文媽媽一聽，就再也沒說話，她家孩子只是全班第九。

令彼此都愉快的交談，應該是善意、懂得分寸，且知道給別人留有餘地，在應該閉嘴時就閉嘴，明白別人的尷尬就及時止步。當真正做到這一點時，會獲得更多的好感，更加輕鬆自如地參與交際活動，結交各式各樣的朋友。

另一種情況是批評時要適可而止，沒有必要非置對方於死地。如果批評的最大目的是為了幫助別人，不妨稍微提醒一下就好，別太過張揚而失去分寸。

在戰國時期，齊景公心愛的一匹馬突然死去，齊景公非常傷心，一定要殺掉馬夫以解心頭之恨。眾位大臣一起勸阻齊景公，不可為一匹馬而濫動刑罰，但他已鐵了心，根本也不聽勸告。

這時，國相晏嬰走了出來，眾臣都以為晏嬰也有勸誡齊景公的意思，誰也沒有料到，晏嬰竟明確地表態說：「這個可惡的馬夫，該殺！」

齊景公十分高興，就把那個含冤的馬夫喊來，聽晏嬰數落他的罪過。晏嬰歷數馬夫的三大罪狀：「你不認真飼馬，讓馬突然死去，這是第一條死罪；你讓馬突然死去，又惹惱君主，使君主不得不處死你，這是第二條死罪。」

聽晏嬰痛說馬夫的前兩條死罪，齊景公心中樂滋滋的。但晏嬰話鋒一轉，說出馬夫的第三條罪狀：「你觸怒國君因一匹馬殺死你，使天下人知道我們的國君愛馬勝於愛人，因此天下人都會看不起我們的國家，這更是死罪中的死罪，罪不可赦！」

齊景公原本連連點頭、咧著嘴笑，當晏嬰說到「使天下人知道我們的國君愛馬勝過愛人」時，臉上的表情開始紅一陣白一陣。

此時，晏嬰吆喝一聲：「來人，還不按大王的意思，將馬夫推出去斬了！」齊景公如夢初醒，趕緊對晏嬰說道：「相國息怒，寡人知錯了。」

晏嬰沒有正面批評齊景公，卻達到了勸諫救人的目的，可見點到為止的批評方法，的確效果非凡。在這樣的場合中，一方面，該說的話不能不說，根本利益不能犧牲，原則不可放棄；但另一方面，也不能將關係弄僵，傷害彼此的面子與和氣，所以才格外需要承認對手的實力、地位、權威，甚至道理，再突然插入批評，點出錯誤之處。這種方法的效果比直接否定好得多，當然也需要有更高的修養和智慧。

重點整理

- 語言會顯示一個人內在的思想及智慧，恰當地展現姿勢和動作，會讓表達更加有魅力。
- 察言觀色的技巧，在交流溝通的過程中非常重要，是一切人情往來的基本技術。
- 眼睛在人的五種感覺器官中是最敏銳的，大概佔感覺領域的百分之七十以上。
- 笑容可說是最美好的面部表情，具有無邊的魅力，真實反映出一個人的內心世界。
- 人的聲音往往會隨內心世界而變化，因此可以透過「聲」和「音」觀察交談者的情緒起伏。

NOTE

第4章

幽默課：
學會「自我調侃」，
有助「一笑泯恩仇」

「順水推舟法」能用於婉轉批評，還能擺脫困境

現代生活節奏快，通訊軟體的發達加快人與人之間交流的速度，但無形中彷彿又在現代人的生活豎起一道透明的高牆。ＬＩＮＥ上「已讀不回」的短訊焦慮、ＦＢ和ＩＧ的實時追蹤，當資訊被輕易快速地截取時，大多數人怕達不到社會的期望值，反而更羞於表達自身的真實想法。

社交是人類的天性，人際溝通對人類來說就像飲食一樣，是最基本的需求，也是現代人必修的社會課。到底該具備哪些溝通技巧，才能在日常及職場上犀利去冰、有甜又有人緣？

幽默可以製造順風，讓99%的「溝通」更有彈性

溝通過程中，常存在許多干擾和扭曲資訊的因素，因此要跨過層層障礙，有時在適當的時機展現一點幽默風趣，就能打破九成以上的言語堅冰。

其實人際溝通技巧沒這麼困難，順水推舟就能跨出一大步。「順水推舟法」是一種非常實用的溝通技巧，它的特色是在迂回的交談中，先順著對方的話說下去，不正面抗衡。

既然人是社交群聚的動物，任何人再受歡迎，都難免在交際活動中遇到尷尬的情況。當談話者的共識難以凝聚時，試一試順水推舟法，會發現它既可以製造幽默，又能推倒障礙，成功達成溝通的目的。

美國有家專門生產乳製品的大工廠，某日來了一位怒氣沖天的顧客。「先生，我在你們生產的乳製品中發現一隻活蒼蠅，我要求你們賠償我的精神損失。」顧客十分不客氣地對工廠負責人說，同時提出一筆天文數字的賠

償金。

在美國，這種乳製品生產線的衛生管理是相當嚴格的。為了防止乳製品發生氧化反應而變質，每次在製造生產的過程中，都要先將罐內空氣抽出，再灌入無氧氣體後密封。在這種嚴苛條件下生產的乳製品，根本不可能有活蒼蠅。

由於客訴涉及公司的商譽，工廠負責人不便立即揭穿對方的騙局，他採取的危機處理方式，就是運用「順水推舟」這個溝通策略。

「先生，您放心，這顯然是我們的錯誤。我馬上關閉廠內所有生產線，查清問題的根源。」負責人很有禮貌地請那名顧客到會客室。

當對方破口大罵、提出抗議，並要求賠償時，負責人說：「這個問題事關重大，我們絕對不會忽視，您一定會得到合理的賠償。依照公司規定，只要生產環節出現失誤，就由該環節的主管負責。」

負責人一臉嚴肅地囑咐一位陪同的工程師：「你馬上去通知廠內，關閉所有的生產線。雖然我們的生產流程中應該不會有這種失誤，但這位先生發現了，我們就有義務給顧客滿意的答覆。」

這個故事發展到後來，前來尋釁的顧客開始退縮了。他原本也許只是想訛詐一些錢，沒想到引起如此嚴重的後果，於是趕緊找一個理由，想拔腿就想走。

但工廠負責人叫住這位顧客，誠懇地表示：「感謝他的指教，為了表達公司的感激，日後你購買我們的食品，均可享受八折優待。」這項意外讓這位顧客從此成為這家公司的免費宣傳員，讓該公司產品的品質獲得更多人的肯定。

像這樣活用順水推舟的說話術，不僅可用在攻心，還能反過來綁架對方的想法。此外，當交談的雙方陷入思維邏輯的誤區時，想扭轉錯誤的道理或荒唐的念頭，用順水推舟法打破僵局，多半也可以讓問題迎刃而解。

腦袋卡卡時要順勢誘導，別急著以牙還牙

想在溝通時順水推舟，要把握時機以及兩個前提：首先要認清對方的心態。一個人的心態會決定說話的內容及方式，所以在談話的過程中，要先弄清對方在想什麼，才能把握先機。

其次要順勢誘導，溝通的契機有時要靠自己創造。在與人交流時，要設法消除對方抵觸的心理，一步一步引導對方進入自己的語言邏輯，軟化對方的立場。

一名「得道高人」入宮敬獻長生不老藥。

宮女帶領著高人入宮，有位出身低微的妃嬪看見了，便問高人：「這藥可以吃嗎？」

「回稟娘娘，可以吃。」

妃嬪一聽，把藥接過便吃了。

皇帝得知後大為震怒，令侍衛抓了那位妃嬪，並責問她。那位妃嬪跪在

地上，不慌不忙地說：「道長說可以吃，因此我就吃了，這事罪過在道長。再說，道長獻的是長生不老藥，我吃了藥，陛下卻要殺我，那豈不變成索命藥？陛下如要殺死無罪的臣妾，只能說明有人欺君。」

皇帝聽完後，立刻赦免她。

溝通是一門藝術，與人交流要熟練地運用說話技巧。當遭受惡意頂撞、攻擊或諷刺挖苦時，別立即以牙還牙、針鋒相對，不如利用適當的條件與鋪陳，順勢表達自己的觀點及看法。活用順水推舟法，不僅能完善溝通的經驗，還能從交談者身上獲得更多的共鳴。

幾句話幽默自嘲，立刻化解衝突與僵局

幽默是生活的調節劑，可以讓生活變得更有意思。然而，在表現幽默時如果拿別人作為元素，用得好可以調節氣氛，用得不好就變成傷人的利刃。

最高端的幽默是，自愚娛人

其實，在展現幽默的手段當中，以自己為取笑對象是一種非常好的方式，既可以消釋誤會、抹去苦惱，還能感動別人並獲得尊重。

二戰時期，邱吉爾到美國華盛頓會見羅斯福，要求美國給予英國物資援助，共同抗擊德國。邱吉爾受到非常熱情的接待，並被安排住在白宮。

有一天清晨，邱吉爾正泡在浴盆裡，抽著他那特大號的雪茄，門突然開了，進來的正是美國總統羅斯福。

羅斯福見邱吉爾大腹便便，肚子露出水面，不知該說什麼。這兩個偉人在此刻會面，都顯得十分尷尬。邱吉爾順勢扔掉菸頭：「總統先生，我這個大英王國的首相，在您的面前可真是一點也沒有隱瞞。」兩人一陣大笑，似乎一切問題都在這善意的笑聲中解決。這場談判就圓滿成功了。

邱吉爾的自我調侃發揮了不可忽視的作用，既適合他此刻的處境，又反應英美兩國當時在外交上的要求。裸露窘態反而成為邱吉爾對美國總統誠實坦白、毫無欺詐的最好證明。

所以，不管做了什麼蠢事，你不妨機智地自我調侃一下，讓身旁的人發笑，但笑的絕不是你的蠢笨而是聰明。

日常生活中，每個人都曾經因為朋友、對手或親人而陷入尷尬的困境，為此和朋友、親人生氣，是非常不值得的，那麼該怎麼辦？不妨大膽、誇張且巧妙地自嘲一下，把自己從尷尬的困境中解救出來。

自嘲是另一種永遠不會傷到別人的幽默。憑藉這份自揭短處的絕佳勇氣，往往可以產生妙趣橫生的效果，令人忍不住痛快地喝采。

美國著名演説家羅伯特，頭禿得非常厲害。在他六十歲生日時，有許多朋友為他慶生。妻子悄悄地勸他戴頂帽子。

羅伯特聽了，卻故意對眾人説：「我的夫人勸我今天戴頂帽子，可是你們不知道光著頭有多好，我是第一個知道下雨的人！」這句嘲笑自己的話，瞬間使聚會的氣氛變得輕鬆起來。

羅伯特聲名顯赫，卻沒有將自己的缺點遮遮掩掩，反而以此自嘲，既調節現場的氣氛，又顯示智慧。

自嘲不但是製造心理快樂的良方，也是最有力的反擊武器。學會自嘲並給自己找個不生氣的理由，生活會過得更瀟灑自在、美好充實。

利用歇後語和諧音，讓談話充滿樂趣

語言常會隨著文化或時間的演進而產生變化，有些日常用語，像是歇後語，其實是民間流傳的語言文化。它集詼諧幽默於一體，充分反映一般人的聰明才智。

一語雙關，歇後語一百選

根據目前的語文考試常態，一些生活用語（包括歇後語、大眾傳播習慣用語）、成語典故（包括諺語、對聯等歷史用語）等等，是許多學生在理解寫作或閱讀時，仍需要克服的關卡。對一般人來說，學會掌握這些用語和典故，有助於精準描述人物性格。以下是曾出現在某次教師檢定的考古題：

●下列歇後語，何者與《三國演義》有關？

（A）馬謖用兵：言過其實
（B）王司徒使連環計：製造矛盾
（C）得隴望蜀：貪得無厭
（D）周郎妙計安天下：賠了夫人又折兵

找出答案了嗎？是不是很有意思？說話方式可以代表一個人的性格與品格，所以我們一方面要鍛鍊自己的說話技巧，另一方面要在交往過程中觀察他人怎麼說話。以下再看看一些有趣的說話方式：

● 歷史、傳奇，那些人和歇後語

1. 杜十娘怒沉百寶箱：人財兩空
2. 包黑子的鍘刀：不認人
3. 張飛穿針：大眼瞪小眼
4. 周瑜打黃蓋：一個願打，一個願挨
5. 曹操敗走華容道：走對了路
6. 擊鼓罵曹：現開銷（當場指責）
7. 張飛的媽媽姓吳：無事（吳氏）生非（飛）
8. 蔣幹盜書：只知歡喜，忘了中計
9. 曹操吃雞肋：食之無味，棄之可惜
10. 諸葛亮招親：才重於貌

歇後語最大的特色，除了諧音之外還有比喻，常用來描寫情境狀態或是人事物的特點。

●花鳥、蟲蛇，有生命有歇後語

1. 冰糖煮黃連：**同甘共苦**
2. 瓜子待客：**有仁有義**
3. 麻秸稈做扁擔：**挑不起重擔**
4. 蔥葉炒藕：**空對空**
5. 燈芯做琴弦：**不值一談（彈）**
6. 打魚得錢，抽紙煙：**水裡來、火裡去**
7. 泥地裡的蚯蚓：**土生土長**

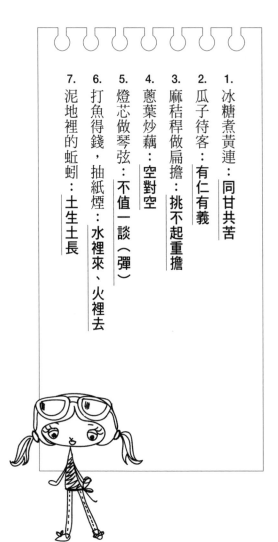

●你作、我傳，有人味的歇後語

1. 矮子踩高蹺：**取長補短**
2. 外甥點燈籠：**照舊（舅）**
3. 禿子打傘：**無法（髮）無天**
4. 獨眼龍看告示：**一目了然**
5. 大夫開棺材鋪：**死活都要錢**
6. 大年三十跳井：**活得不耐煩了**
7. 大肚子走鋼絲：**鋌而走險**
8. 大老爺下轎：**不（步）行**
9. 獨臂照鏡子：**裡外一把手**
10. 出門戴口罩：**嘴上是一套**

口才不是天生的，只需要有足夠的文字底蘊作為基礎。其實能說善道也是一種立足社會的能力，懂得說話技巧的人，往往能促使許多素不相識的人攜手合作，讓自己在人際交往中事事如意，在商戰中左右逢源。

語言的魅力在於它能夠迅速說服他人、贏得寶貴的合作機遇，能夠獲得主管合作的重視、同輩的尊重及部屬的擁戴，讓事業錦上添花、一帆風順。

因此，想要提高人生質量，就需要提高說話水平。它能夠在關鍵時刻使你心想事成，在社會中處處順利、受人歡迎。

諧音，讓說話技巧更幽默

諧音雙關，是幽默語言交叉技巧中常用的一種修辭格式，也就是利用詞語的同音或近音條件，構成雙重意義，使字面和實際的含義產生不協調交叉。它的表現形式是以語音為紐帶，將兩個毫不相干的詞義聯繫在一起，使聽眾透過聯想，領悟到說話者高超的幽默感。

紀曉嵐及和珅當時分別擔任侍郎和尚書職務。有一次兩人同席，和珅見一隻狗在桌下啃骨頭，故意問紀曉嵐：

「是狼（侍郎）是狗？」

紀曉嵐也不甘示弱，立馬回答道：「垂尾是狼，上豎（尚書）是狗。」

雙方都在罵人，但都含而不露、謔而有度。特別是紀曉嵐，急中鬥智，巧用諧音以眼還眼，真是令人稱快。

同樣的例子，有一天蘇東坡與承天寺和尚參蓼泛舟赤壁，見到一隻狗在河灘上啃骨頭。蘇東馬上靈機一動，說：

「狗啃河上（和尚）骨。」

「水流東坡詩（屍）。」參蓼一聽，覺得話中有話，立刻回敬。

表面是吟詩寫實，實際是互相戲弄。兩人聽罷這幾句互相嘲笑後，都哈哈大笑。

程敏政人稱神童，宰相李賢欲招為婿，指著席上果品出對曰：「因荷（何）而得藕（偶）？」程敏政對道：「有杏（幸）不須梅（媒）。」李賢大喜，乃將女兒配之。

類似的還有高力士和李白的對罵：

玄宗讓高力士為李白出題，高力士出上聯：「二猿斷木深山中，小猴子也敢對鋸（句）。」李白還擊：「一馬陷足污泥內，老畜生怎能出題（蹄）？」

秀才張某恃才高傲，某天在田壟遇見一位挑泥農夫，卻不肯讓路，兩人均不得過。農夫笑道：「我有一聯，君若能對，願下田讓道。」秀才滿口應承。

農夫說：「一擔重泥遇子路」（一旦仲尼遇子路）。張某苦思冥想，無言可對，只得下田讓路。三年後，張某看浚河工決堤引水，傍晚河工約會笑而返，才恍然大悟，續上前聯：「兩堤夫子笑顏回。」

此外，《中國古今巧對妙聯大觀》也有不少趣味橫生的例子：

例一：明萬曆年間，艾自修與張居正同科中舉，艾名列榜末，舊稱背虎榜。張嘲之說：「艾自修，自修不自修，白面書生背虎榜。」艾自修當時沒有對出。張居正當上宰相後，相傳與皇后有曖昧關係。艾自修抓住這一點，遂得了下聯：「張居正，居正不居正，黑心宰相臥龍床。」聯語對得非常工整。兩聯先用嵌名，然後頂真（「自修，自修」與「居正，居正」），終使張居正招致殺身之禍。

例二：明末忠臣史可法堅守揚州，不屈而死。崇禎時兵部尚書洪承疇卻降清苟且，朝野不齒故撰一聯：「史鑑流傳真可法；洪恩未報反成仇。」成仇，諧承疇，語帶雙關。聯嵌史可法與洪承疇之名。此聯後被擴展成為：「史筆流芳，雖未成功終可法；洪恩浩蕩，不能報國反成仇。」聯語雖有擴有改，基本意思和手法未變。

例三：清末常熟人翁同龢曾任户部尚書（相當於古代大司農之職），在任期間與合肥人李鴻章不和。李鴻章在八國聯軍侵佔北京後，被任為全權大臣，等於過去的宰相。一次，翁同龢出聯譏諷李鴻章：「宰相合肥天下瘦。」李鴻章反唇相譏：「司農常熟世間荒！」

答非所問、實問虛答，找出溝通的突破口

什麼是「答非所問」？意思是所答的不是所問的問題。很多時候，人們常用這種方法幫助自己扭轉局勢。其實，這也是生活中的一種幽默。幽默源自生活，但往往不僅是生活本身，也就是說生活是非常現實或常規的，不像幽默充滿著虛虛實實、誇張離奇的喜劇色彩。

在正式工作場合中，人與人之間最恰當的交際方式，是簡要明確地表達語言及溝通思想。然而，幽默時則不同，明明要說甲事，卻從看起來完全無關的乙事說起，也就是本來要表達一種意思，卻採用旁敲側擊的暗示手段。

夫：「今天妳還是要出去嗎？」
妻：「嗯！我想出去買點東西。」
夫：「是喔，那千萬別再背那個碎花布包了。」
妻：「唔！我覺得那挺可愛的呀。」
夫：「妳一定要帶著它，是用它遮醜嗎？」
妻：「你開玩笑，我如果想遮醜就帶上你了！」

在雙方的鬥嘴中，雖然誰也沒有說出一句直接戲弄對方的話，但一切盡在不言中。像這類歪打正著的幽默，不僅適用於關係親密的人之間，在日常生活中也是很有效的溝通方式。

用幽默5技巧加料，一開口就妙語如珠

說話時，懂得怎麼「答非所問」是一種大智慧。在對方不願回答的情況下，為了改善談話氛圍，可以試試本節介紹的五種技巧，只要運用得當，威力、效果往往令人刮目相看。

一九七〇，美國紐約剛有樂透彩時，很多彩民為之癡迷，新聞媒體對此也十分關注。每當開獎之日，記者們便使出看家本領，挖掘那位得大獎者的真實身分。隨後，更是長槍短炮，前呼後擁地到幸運兒家中進行採訪。

有一年，一位名叫史密斯的裝卸工贏得大獎後，在他簡陋的家中，一名記者問道：「你一下子得到這麼多錢，打算怎麼花呢？」

面對這個老套的問題，史密斯沒有像別的得獎人那樣，說些諸如「還清貸款、辭掉工作、買輛新車、買棟豪宅、環遊世界」之類的話，只是笑意盈盈地說了三個字：「好好花！」此語一出，一片笑聲和掌聲。

邏輯之外的幽默——偷換概念

「偷換概念」為什麼能造成幽默效果？因為幽默的主要思維不是實用型、理智型，而是情感型，對於一般性思維來說具有破壞力。

老師：「我們來複習昨天教的減法。假如你哥哥有五顆蘋果，你拿走三個，結果是？」

孩子：「結果是他揍我一頓。」

從數學的角度來看，這種回答是很愚蠢的，因為老師問「結果怎樣」很明顯是在問「蘋果還剩下多少」，屬於數量關係的範疇，可是孩子把它轉移到未經哥哥允許就拿走蘋果的邏輯關係上。不過，正因為偷換概念，才使這段對話產生幽默的效果。

類似的例子在生活中很常見，比如以下這個例子：

小明：「踢足球、打冰上曲棍球，哪個球門比較好守？」

志強：「哪個門都沒有對方的門好守。」

常理上，小明問「哪個門好守」應該是指在足球和冰球的比賽中，對守門員來說，哪種球類的本方球門更容易守，而志強的回答則轉移到比賽中本方球門和對方球門的比較上。

雖然概念被偷換了，但是在道理上仍然講得通，而正是這種新角度的觀察，顯示說話者的機智和幽默。通常情況下，概念被偷換得越是離譜，引起的預期失落、意外震驚就越強；概念的差距掩蓋得越是隱秘，發現得越是自然，可接受的程度也就越高。

不經意的喜劇色彩——自相矛盾

「矛盾」這個詞源自《韓非子》中那位賣矛和盾的生意人，表示事物之間的強烈衝突，有很強的喜劇色彩。一般情況下，我們常說的「自相矛盾」是指人物言行不一，言語前後衝突，行為相互抵觸。這樣的自我矛盾已經很好笑了，但還缺少一種強烈的對比性。為了增強戲劇性，可以在矛盾對轉以前，強調即將轉化的矛盾。

有一個嗜賭如命的賭徒，為了從賭場上贏回輸掉的錢財，孤注一擲，最後連褲子也輸掉了。就在此時，他終於醒悟，發誓戒賭。

他用筆寫上「堅決戒賭」四個字貼在床頭。某天，一位好朋友看到床頭這條誡示後，嘲諷地問：「你真的戒賭了？」
「真的！」
「我不信。」
「不信？」賭徒瞪著一雙通紅眼睛，大聲說：「咱們賭三瓶二鍋頭！」

在這段對話中，用自相矛盾的方式展示幽默的藝術，取得鮮明、強烈的效果，讓矛盾活了起來。矛盾如果在不經意中產生，更為可笑和逗人。在運用自相矛盾的幽默技巧時，一定要沉住氣、平穩自然，幽默效果更佳。

表達不滿的利器——正話反說

什麼是「正話反說」？意思是說話內容表達的意思與字面完全相反，比如說，字面上肯定，而意義上否定；字面上否定，而意義上肯定。這也是產生幽默感的有效方法之一。運用這種方法可以不直接指明對方的錯誤，就使其自我反省，並認識到自己的錯誤。

邱吉爾為了出席宮殿舉行的演講，超速開車，被一名年輕警員逮住了。「我是首相邱吉爾。」邱吉爾不慌不忙地說。「胡說八道，你一定是冒牌貨！」警官這麼一說後，大英帝國的首相謝罪了，他說：「你猜對了！我就是冒牌貨！」

警官聽了面露微笑，放過這位世界著名的偉人。

邱吉爾在一本正經表明身分時，被警官懷疑。然後，他運用「正話反說」的方法，使員警摸不清虛實，而抱著一種「寧可信其有，不可信其無」的心態放過他。當我們需要表達內心不滿時，也可以使用正話反說的幽默技巧，讓別人聽起來順耳一些。

傑克和他的情人想喝咖啡，但端上來的咖啡差不多只有半杯，這時傑克笑著對咖啡店老闆說：「我有一個辦法，保證讓你多賣出三杯咖啡，你只需要把杯子倒滿。」

傑克巧妙地運用正話反說的幽默來表達不滿，並沒有給對方帶來難堪。也許傑克沒有喝到滿滿一杯咖啡，但他一定會得到友善、愉快的服務，咖啡店老闆或許還會請傑克再次光臨。

這種正話反說的幽默技巧不僅現在被廣泛使用，早在中國古代就已經有人成熟地運用了。

秦朝的優旃是有名的幽默人物。有一次，秦始皇要大肆擴建禦園，多養珍禽異獸，以供自己圍獵享樂。這是一件勞民傷財的事，但沒有人敢冒死阻止秦始皇。

這時能言善辯的優旃挺身而出，對秦始皇說：「這個主意很好，多養珍禽異獸，敵人就不敢來了，即使敵人從東方來了，下令麋鹿用角把他們頂回去就夠了。」秦始皇聽了不禁展顏而笑，並破例收回成命。

優旃的話表面上是贊同秦始皇的主意，而實際意思則是若按照秦始皇的主意辦事，國力就會空虛，敵人就會趁機進攻，而麋鹿用角是不可能把敵人頂回去的。這樣的正話反說因為字面上贊同秦始皇，讓優旃得以保全自己，而真正的含義則促使秦始皇不得不在笑聲中醒悟，進而達到說服目的。

將錯就錯——黑色幽默

生活中，我們都害怕犯錯，卻又難免犯錯。生活在習以為常的環境裡，思維的積極性會自動下降，就會出現各種各樣的錯誤。

人們總說知錯就改，其實有時候知錯不改，甚至將錯就錯，也能讓你僥倖獲得滿意效果。

一次追悼會上，主持人一時想不起來「默哀」這個詞，他站在前面絞盡腦汁、張口結舌了半天，就隨口說出個意思相近的「難過」來代替。於是他大聲宣佈：現在，請各位難過三分鐘！

三分鐘過後，他還是沒有想起「默哀」一詞，只好硬著頭皮宣佈：現在，難過結束。

用「難過」代替「默哀」確實是個錯誤，但說話者情急無奈，只好將錯就錯。從旁觀者的角度來看，這個詞彙使用失當具有黑色幽默的意味，而且顯示出，有時詞彙用錯也能製造幽默。但是，這種幽默不能亂用，尤其要避免在肅穆莊嚴的追悼會上使用。

畢卡索在十八歲時，首次嘗試銅版畫。由於對銅版畫不夠瞭解、經驗不足，他在創作過程中忽略一個重要因素，那就是版畫印到紙上後，方向總是與原作完全相反。

所以，在畢卡索的畫作中，威風凜凜的鬥牛士竟然用左手提著長矛！畢卡索創作完後，才發現這個錯誤，起初為此非常懊惱，但隨即就將錯就錯，化拙為巧，用狂野的字體在畫作上寫了「Elzurdo」，即左撇子。

這幅《使用左手的騎馬鬥牛士》非常有名，甚至有許多人因此斷定，畢卡索本人是個左撇子，其實這只是畢卡索創作上的失誤。他不忍毀掉自己精心創作的作品，不想白費心血，所以，他將錯就錯，沒想到反而成為一段佳話，讓人們見識到他的獨特幽默。由此可見，犯錯不可怕，重要的是用積極幽默的心態去對待，錯誤也能轉變成一件好事。

標籤化製造的笑果——斷章取義

眾所周知，幾乎每天都有媒體將某個明星或重要人物的話，斷章取義，來吸引讀者的目光。

某天，有位主教前往紐約，剛下飛機就被一群記者包圍。有記者刁難他，故意問：「您想上夜總會嗎？」主教想回避這個問題，便笑著反問：「紐約有夜總會嗎？」結果第二天早上，這家報紙的頭版頭條刊登這樣一條新聞：「主教走下飛機後的第一個問題：紐約有夜總會嗎？」

「紐約有夜總會嗎？」這句話的確出自主教之口，但在當時的語言環境中，這種反問是一種自我保護，並沒有話語字面表述的含義。當這句話被單獨列出時，顯然主教的真實想法與字面含義截然相反，但人們的第一反應，就是這位主教看來不是正經人！

抓住關鍵一語中的，展現說服的魔力

對於那些善於說服的人，不需要和他不停地周旋，要設法抓住關鍵、一語中的。倘若能夠將這一招發揮得淋漓盡致，便可以一舉說服對方。

漢代著名的丞相蕭何，有一次向漢高祖劉邦請求，將上林苑中的大片空地讓給老百姓耕種。上林苑是一處供皇帝遊玩嬉戲、打獵消遣的園林。劉邦聽到蕭何居然要縮減自己的園林，不禁勃然大怒，認為他一定是收了老百姓的錢，才為他們說話辦事。

蕭何被捕入獄、審查治罪。當時的廷尉為了討好皇上，只要皇上認定某人有罪，就不惜用大刑。有位姓王的侍衛官勸告劉邦：「陛下還記得與項羽抗爭，以及後來剷除叛軍的時候嗎？那幾年，皇上在外親自帶兵討伐，只有丞相一個人駐守關中，關中的百姓都十分擁戴丞相。如果丞相稍有利己之心，那麼關中之地就不是陛下的了。您認為，丞相會在一個可謀大利而不謀的情況下，去貪百姓和商人的一點小利嗎？」

簡單幾句話讓劉邦意識到自己的魯莽，便下令赦免蕭何。

漢代的另一位開國元勳周勃，曾經幫助漢室剷除呂後爪牙，迎立漢文帝，有定國安邦的大功。可是，當他罷相回到自己的封地後，一些素來嫉恨周勃的奸偽小人便趁機向漢文帝誣告周勃圖謀造反。

漢文帝下令廷尉將周勃逮捕下獄、追查治罪。按漢代當時的法律，凡是圖謀造反者，不但本人要處死，而且要滅家誅九族。就在這個緊要關頭，薄太后勸文帝：「皇上，周勃謀反的最佳時機，是您未即位而他握有先皇留給你的皇帝玉璽，並且統帥主力部隊北軍的時候。但是他一心忠於漢室，幫助漢室消滅了企圖篡權的呂氏勢力，把玉璽交給陛下。現在他罷相回到自己的小封國裡居住，怎麼反而在這個時候想起謀反？」

文帝聽了這話，所有的疑慮都沒了，並立即下令赦免周勃。

說服別人時要充分掌握事實，在他人大難臨頭時站出來辯白，更要講明事實真相，分析得入情入理，才能夠達到目的。

拙劣談話者的一大特點，就是把簡單的問題複雜化，人家一句就能說明白的，他十句百句都說不清。相較之下，高明談話者善於把複雜問題簡單化，剔除無謂的廢話，別人十句百句都說不清的問題，他能一語道破，三言兩語就說中要害、點到實質。

幽默要看對象，說過頭會讓甜味變酸！

開玩笑是控制情緒、激勵自己及處理人際關係的重要手段。它猶如一種精神調節劑，會使人際之間產生輕鬆愉快的感情交流，對工作、生活是非常有益的。但開玩笑也要把握分寸，否則會適得其反、弄巧成拙。

小利和小芳是很要好的同事，有一次在公司舉辦的聚會活動中，小利突然心血來潮想拿小芳尋開心，她一本正經地對周圍的人宣稱，小芳在無意中撿到二十萬元。

結果當晚，小芳家的電話一直響個不停，原本平靜的生活被打亂了。小芳忍無可忍，一紙訴狀將小利告上法庭。法院經過審理，最終做出判決，小利不僅要向小芳道歉，還要賠償精神損失費。

在與人聊天時，得體的幽默可以創造出適合融洽交談的氛圍，但要講究時機和場合，更要看對象。尤其千萬不要拿別人的忌諱開玩笑。

雪兒平時開朗活潑，有一次在同學聚會上，遇到了同學程鵬，程鵬是個禿頭。當雪兒得知他最近高升後，就快言快語地說道：「你可真行啊！真是熱鬧的馬路不長草，聰明的腦袋不長毛。」說得大家哄堂大笑。

程鵬氣憤地反駁道：「妳的腦袋才不長毛。」結果原本高興的同學聚會，鬧了個不歡而散。

所謂「說者無心，聽者有意」，聊天時開玩笑的動機大多都是友好的，但如果沒有把握好分寸和尺度，就會產生不良後果。此外，開玩笑的對象最好是關係比較密切的朋友，如果雙方關係一般或平常較少聯絡，不僅收不到預期的效果，還會令對方猜測你的用心。

根據「在辦公室你是不是喜歡開玩笑？」這份問卷調查，人們對於在職場開玩笑的接受程度如下：

- **覺得很不喜歡的古板派**：認為「工作就是要嚴肅」的比例約佔百分之二。
- **覺得一般的麻木派**：認為「開玩笑是對枯燥工作的調劑」，和「覺得沒有關係、無所謂」的比例相加，佔百分之八點八。
- **認為視情況而定的隨機派**：相信「好的玩笑有時是人際關係潤滑劑」的比例，佔百分之四十六點七。
- **覺得應分對象的理智派**：相信「有的人不適合開玩笑」的比例，佔百分之三十。

由此可見，大多數人接受開玩笑的程度相當高，但是職場上，若不確定同事當中誰討厭開玩笑，建議還是小心點。即使十分瞭解、合拍的同事平時很能開玩笑，心情也是會有陰晴冷暖，在你三籮筐的玩笑出口前，最好先看看對方的「天氣預報」。

好玩不難笑，學會了不挨刀的十一招

根據前面的調查結果，在試圖展現口才、發揮幽默時，應該注意十一個不要犯的禁忌：

▼**和長輩、晚輩開玩笑忌輕佻放肆，特別忌諱談男女情事：**幾代同堂時，玩笑要雅俗共賞。當有人開這類玩笑時，以長輩或晚輩身分在場的人，最好若無其事地旁聽就好。

▼**和殘疾人開玩笑，注意避諱：**人人都怕別人說自己的短處，殘疾人尤其如此。

俗話說：「不要當著和尚罵禿子，瞎子面前不談燈光。」

要知道沒有完美無缺的人，他人的短處絕不能拿來當笑料。這種笑話會嚴重傷害到對方，導致不堪設想的後果。

▼**和非血緣關係的異性單獨相處時，忌開玩笑：**涉及異性之間的幽默要張弛有度，所謂的「葷段子」只會降低自己的格調，不但無法拉近彼此之間的距離，反而惹人誤會。

▼**朋友陪客時，忌和朋友開玩笑：**突然介入別人的話題，不但破壞談話氣氛掃人雅興，還會讓在場的朋友認為被掃了面子。

▼**別板著臉說笑：**境界高的幽默大師自己不笑，卻能把人逗得開懷大笑，但普通人很難做到這點，所以不要板著面孔說笑，免得引起不必要的誤會。

▼**不要總和同事開玩笑：**開玩笑要掌握尺度，不要大大咧咧地總是開玩笑，時間久了，在同事面前顯得不夠莊重，同事也不會尊重你，在主管面前顯得不夠成熟踏實，主管也不會信任並重用你。

▼**捉弄他人不等於開玩笑：**捉弄是會讓人感到惡意的行為，絕不在開玩笑的範疇。小心禍從口出，有些玩笑是不可以隨意亂做或亂說的，輕者會傷及同事之間的感情，重者會危及飯碗，後悔就太遲了！

▼**玩笑的內容要高雅：**笑料取決於開玩笑者的思想情趣與文化修養，內容健康、格調高雅的笑料，不僅給對方啟迪和精神享受，還能塑造自己的美好形象。

有一次鋼琴家波奇演奏時，發現全場有一半座位空著，他對聽眾說：「朋友們，我發現這個城市的人們都很有錢，我看到你們每個人都買了兩三個座位的票。」於是這半場聽眾放聲大笑。波奇無傷大雅的玩笑話使他贏得掌聲。

▼**態度要友善：**開玩笑的原則是與人為善，如果借著開玩笑對別人冷嘲熱諷，發洩心中的不滿，那麼表面上也許佔了上風，但對方認為不受尊重，而不願再來往。

▼**行為動作要適度：**開玩笑除了借助語言之外，有時也會透過行為、動作來展示，千萬不能過度。

▼**要區別對象：**後輩不宜和前輩開玩笑；部屬不宜和主管開玩笑；男性不宜和女性開玩笑。由於人的身分、性格、心情不同，對於玩笑的承受能力也不同，音次開玩笑的對象要有所區別。

如果對方性格外向、能寬容忍耐，玩笑稍微開大了，可能也會得到諒解如果對方性格內向、喜歡琢磨言外之意，開玩笑時就要慎重若對方生性開朗，但恰好碰上不愉快或傷心事，也不能隨便與他開玩笑若對方性格內向、但正好喜事臨門，此時開個玩笑無傷大雅，效果有時會出乎意料。

詼諧的人總是受人歡迎和喜愛。與人交往時，得體的玩笑可以鬆弛神經、活躍氣氛，創造出適合談話的氛圍，但必須拿捏好分寸，否則反而會傷害感情。

重點整理

- 社交是人類的天性，人際活動對人類來說就像飲食一樣，是最基本的需求。
- 幽默是生活的調節劑，可以讓生活變得更有意思。
- 語言常會隨著文化或時間的演進而產生變化。
- 答非所問的說話技巧，也是生活中的一種幽默。
- 開玩笑也要把握身分，否則會適得其反。

NOTE

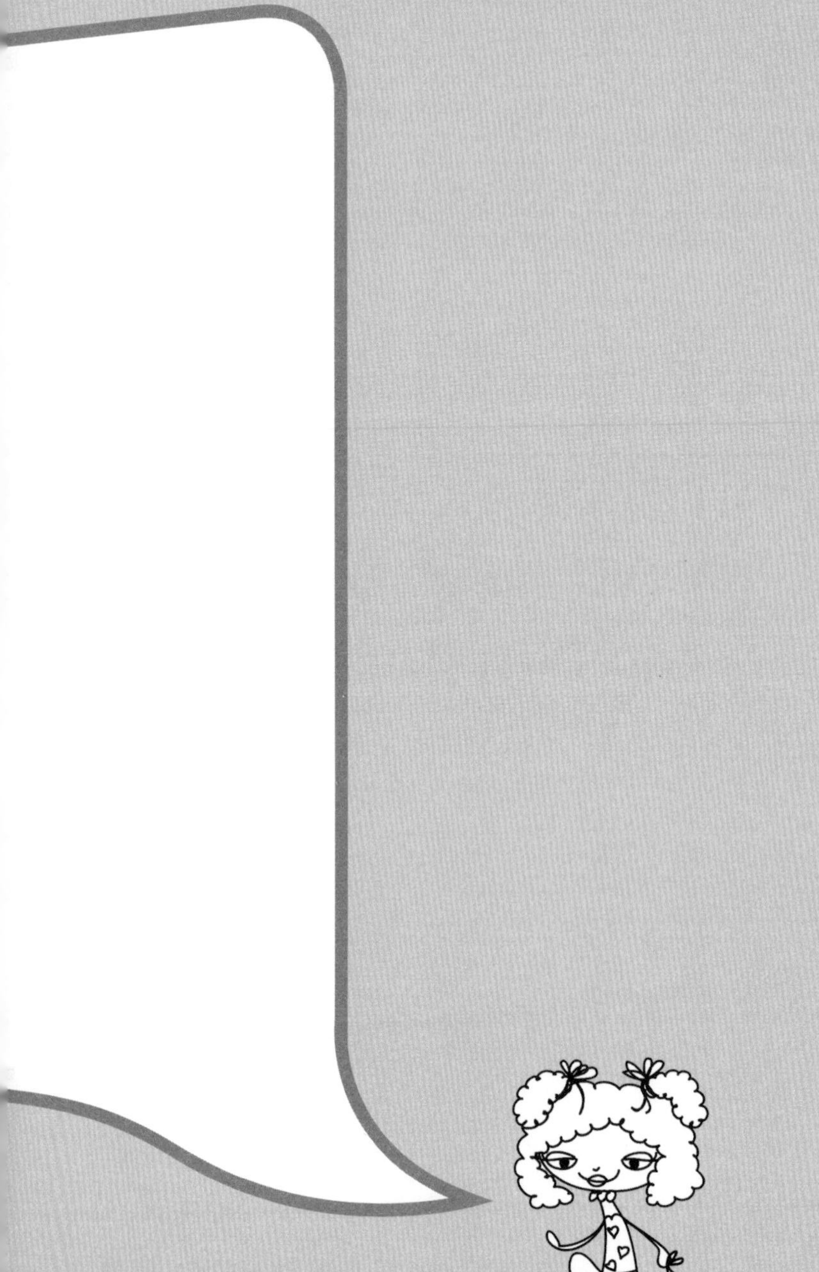

第5章

道歉課：態度「誠心軟Q」，立即「贏得尊重」

真心一句道歉，彌補99%的惡言

其實，「道歉」這項社交禮儀，受到人們普遍推崇與讚美。日常生活中，任何人都可能碰到各種意外，例如：走路不慎撞到人；一句話無意間傷害同事；不明究理地指責朋友；心情煩躁時向家人發無名火等等。因此，惡言傷人後的道歉技巧，在社交場合發揮越來越重要的作用。

把「我錯了」說得微甜不膩

惡語是毒藥、良言是解藥。惡言傷人後，請用真誠的道歉來救死扶傷。最佳的道歉步驟是從坦率地說聲「對不起」開始，先踏出這一步，消除誤會、重新獲得友情及尊重。真誠地說一句「我錯了」，至少可以做到四件事：

▼**道歉可以消解怨氣：**與人交往時，每個人都該把握「軟硬」程度，該「軟」時要低頭，該「硬」時絕不服輸。

三國時，公孫淵表示要歸順東吳。孫權大喜，準備派人送去錢財，封其為「燕王」。大臣張昭認為公孫淵不可靠，極力反對，眼看孫權固執己見，一氣之下不再上朝。大為光火的孫權也派人將張昭的家門堵上。張昭毫不示弱，命家人在門裡又堵了一層。

後來，公孫淵殺死孫權派去的人。孫權意識到自己錯了，幾次到張昭家謝罪，張昭都稱病不出。孫權束手無策，竟命人火燒後門想逼張昭出來。不料，張昭竟把窗户都關上了。孫權連忙讓人把火撲滅，自己則一直在張昭的門前站著，請張昭原諒，終於打動張昭，君臣和好如初。

孫權貴為一國之君，發現自己犯下過錯後，多次主動登門認錯，他的誠懇道歉消除張昭的滿腹怨氣，最終彌補君臣之間的感情裂痕。

▼**道歉可以平息爭鬥**：勇於認錯可以平息衝突，阻止許多不必發生的事端，在人際交往中是非常重要的。

華盛頓與佩恩發生鬥毆。第二天，華盛頓再次邀請對方到一家酒館見面。佩恩做好決鬥準備，帶著手槍前去赴約。

但華盛頓一看到他進來，立刻起身迎接。「昨天都是我不對，不該說那些話。不過，你的行動已讓我遭受懲罰。」華盛頓笑著說：「假如你同意，讓我們把昨日的不愉快通通忘掉，彼此握手。我相信你不會反對。」

佩恩很動容，緊緊握住華盛頓的手，說：「我將會成為你永遠的追隨者、崇拜者。」後來，佩恩果真成為華盛頓最忠誠的朋友之一。

一場差點上演的生死決鬥，因為華盛頓的誠懇道歉而煙消雲散。原本可能成為仇敵的人，也因此握手言和。可見得，道歉不僅能緩解緊張的人際關係，還可以發揮平息爭鬥的作用。

▼**道歉可以恢復尊嚴**：與人交談往來時，誰都難免說話讓人難堪，或行為造成他人不便。這些小矛盾，雖然絕大多數是無心的，也多半會獲得諒解，但始作俑者還是應該懂得怎麼道歉。

宋慶齡去探視一群小演員。她微笑勸陳海根：「孩子，你的脖子有些髒，去洗洗吧！」過了一會兒，宋慶齡轉頭，見到陳海根還站在原處，臉漲得通紅。

幾個小演員鼓足勇氣說：「他的脖子不是髒，是黑。」、「您冤枉他了。」宋慶齡立刻明白過來，誠懇地拉住陳海根的手說：「孩子，我錯了，請你原諒我！」

陳海根急忙搖頭，孩子們都被宋慶齡的態度感動了。

宋慶齡在不明究理下傷了陳海根的自尊，但她及時誠懇的抱歉得到諒解，並恢復陳海根的尊嚴，同時表現出她對孩子的尊重。

▼**道歉可以得到寬恕**：當公眾人物在演講或撰文上犯錯，誤導聽眾或讀者時，不強詞奪理、不恥下問、及時糾錯、坦誠致歉，就會受到公眾的諒解和尊重。

某個電視脫口秀的節目中，美國總統歐巴馬告訴主持人，自己一直在練習保齡球，不過球技非常糟糕，就像參加「特殊奧運會」。這番話立刻引起軒然大波，受到眾人強烈指責。

歐巴馬自知失言，馬上打電話給特奧會主席希裡弗表示道歉，並邀請特奧會選手到白宮做客。人們因此原諒了歐巴馬的錯誤。

歐巴馬誠懇及時的道歉，既無損國家總統的形象，更彰顯他的人格魅力。在與人交往時，每個人難免會說錯話、做錯事，如果能主動誠懇地道歉，一般情況下，總能夠得到他人的諒解，進而收到理想的效果。這對於修復人際交往裂痕，緩解緊張的人際關係是非常必要的。

坦率承擔責任，可以獲得諒解和寬容

美國公關專家蘇珊亞曾說：「道歉是一個重要的社會技能，真誠的道歉會使人們感受到人際之間最美好的情感。」每個人都應該學習真誠向別人道歉，更需要懂得寬容和諒解。

退一步，心寬天地寬

認識道歉、學會道歉、勇於道歉，是一種良好的人格修養，可以幫助我們改善緊張的人際關係，讓生活變得豐富多彩，讓人生更有價值。與此同時，還可以讓我們消除缺點，獲得別人的尊重。有這樣一個故事：

有個小沙彌在化緣時和一個農婦吵起來，最後發展到動手打人。老法師知道後，沒有訓斥小沙彌，從供品裡取出一些布料，就親自帶著小沙彌去賠禮道歉。在半路上，老法師被一塊石頭絆倒，腿還受了傷。

小沙彌扶起師父後，狠狠地朝地上的石塊踢了幾腳，還想抱起來摔。老法師先是連聲唸阿彌陀佛，然後對小沙彌說：「石頭本來就在原地，它又沒動，是我不小心踩上它，一點也不怪它啊。這次磕絆是我自找的，理應向石頭道歉的……」

小沙彌愣了一下，終於明白師父的開導。

目光高遠的人可以為了避免一場糾紛的爆發，放下面子毫不猶豫地說：「對不起。」

錯了就認，態度會決定高度

有些人害怕承擔責任、害怕懲罰，認錯對他們來說是很丟臉的事。其實，不管是生活或工作，每個人難免都會犯錯，但犯錯不可怕，關鍵在事後的態度。

坦率承擔責任、勇敢道歉是一種人生的大智慧。勇於認錯的人不但受人尊敬、信任，甚至可以提升自身的親和力，而且在別人心目中的形象和評價，既不會受損，還會提高。英國曾有這樣一則逸事：

六歲的艾麗莎到王室公園裡餵食天鵝，因為手指不慎被啄傷，而滿心委屈、抱怨天鵝「不乖」，於是寫信給天鵝的主人、女王伊莉莎白，「投訴」這件事，希望女王好好「教訓」、「教訓」那隻天鵝。

沒多久，日理萬機的女王寫來一封道歉信。信中女王對天鵝啄傷艾麗莎，深表歉意。艾麗莎接受道歉，還向朋友展示女王的道歉信。這件事迅速傳遍世界，被人們津津樂道。

所謂「智者千慮，必有一失」，一個人再聰明、再能幹，總有失誤犯錯的時候。能率承擔責任的人，氣度會顯得更加高大。像是「天鵝不乖」這件小事，女王的道歉不僅消除一個天真小女孩心中的不滿，還展示了女王的風範與對英國民眾的關愛。有錯不認，千方百計掩飾錯誤，甚至推諉給別人，才會讓人避而遠之。

按照「道歉SOP」，迅速修補受損的關係

道歉是一門藝術，需要一定的技巧，更進一步來說，**接受道歉和表達抱歉一樣，是十分重要的社會技能**。我認識一位母親，在孩子向她道歉後，總是會熱情地親吻、擁抱他們。她說：「我要讓孩子知道不必隱瞞壞事情。坦率地道歉可以使彼此互相原諒、互相熱愛。」

道歉最佳SOP，走對了步驟零障礙

在生活中，很多人覺得道歉是一件難於啟齒的事，有的人甚至從不為自己的

過失道歉，這樣的態度在與人相處的過程中，將遇到很多麻煩。

▼表達歉意需要把握一定的技巧，否則難以取得良好的效果。那麼，具體該怎麼進行最有效？快試試這一套SOP吧！

1. **瞭解自己錯在哪裡**：清楚地認識錯誤，並針對性地道歉，效果會更好些。有效的道歉不是為自己狡辯的伎倆，更非企圖騙取別人的寬恕，因此必須有責任感且勇敢承認自己的過失，也就是先思考一下錯在什麼地方，為什麼傷到別人，才能夠真誠地道歉。

2. **思考道歉的角度**：道歉的進行方式可以是角色對角色，也可以是個人對個人，應該要視當下選擇最容易的狀況。

舉個例子，公司兩位資深主管在言語上起衝突，倘若一方仍心中有氣，另一方可以站在職位角色的立場，向對方致意，像是「我們都在這麼優秀的公司工作，我瞭解彼此的差異，很抱歉先前講話太粗魯」等等。這麼一來，即使對方仍然餘怒未消，但對立氣氛或許會比較緩和。

3. **直接了當的道歉**：意識到自己做錯事或說錯話，可以開誠佈公地直接向對方道歉。坦率一句「對不起」、「我錯了」，會比什麼解釋都有效，真誠坦白的態度一定能得到對方諒解。

4. **道歉的話說不出口，可以用別的方式代替**：一束鮮花可以使前嫌冰釋；一件放在對方餐桌上或枕頭底的小禮物，可以表明悔意；觸摸也能傳情達意，不必交談，就是此時無聲勝有聲。

5. **請別人代你道歉**：倘若不方便於出面，可以求助第三者，譬如由雙方都熟悉的另一位朋友幫你傳達歉意。

6. **誇大自己的過錯**：一般情況下，道歉的一方越是誇大自己的過錯，並讚美對方，對方多半不好意思繼續追究。

7. **及時道歉並保持冷靜**：犯了錯最好及時低頭認錯，但如果對方沒有立刻致歉，也應該冷靜，不要悶悶不樂更不要生氣，也許對方正在思考要如何道歉。

8. **別為了息事寧人而認錯**：重要的是分清「深感遺憾」和「必須道歉」的區別。

有些事可以表示遺憾，但不必道歉。為了息事寧人而道歉的做法，對任何人都沒好處。

9. **給對方發洩心中不快的機會**：讓對方抒發心中的怒氣，有時是挽回關係的好方法。

10. **用清楚及正確的詞彙，而非煽動性的文字**：道歉的重點是發出清楚、直接、誠懇的道歉資訊。因此，用文字表達時，不要加入過多情緒性的字眼，只要承認錯誤，並表明以後不會再發生即可。

11. **改正錯誤獲得原諒**：有些過失不是表達歉意就能獲得原諒，在向對方道歉的同時，實際行動改正過失，是最真誠、最直接且最有說服力的方式。

語氣委婉的道歉，才能得到真正的原諒

委婉的語氣、優雅的談吐，一般來說都是代表一個人高素質、高修養的標誌。在與人交往中，優雅的談吐發揮不可估量的作用。古往今來，和顏悅色、語氣溫婉的人總是受人尊敬，人們與他們交流會倍感親切。

軟話更好下嚥，效果會好過硬道理

在很多情況下，一個人是否犯錯誤是一回事，能否承認錯誤則是另一回事，但在爭執的過程中能語氣溫婉，不僅顯示個人的修養，更能提高個人的魅力。

服飾店來了位非常挑剔的女顧客，店員拿給她好幾套衣服，她挑了半天還沒選好中意的。恰好這時店裡顧客多了起來，店員不得不去服務其他顧客。

「妳這是什麼服務態度？沒看見是我先來的嗎？快讓我先買！我還有別的事情了。」女顧客覺得自己受到冷落，臉沉下來大聲喊道。

這句話聽起來確實十分刺耳，但店員安排好其他顧客後，對這位女顧客說：「讓妳久等了。我們店生意比較忙，服務不周到，請妳原諒。」

店員的態度及語氣真誠而謙和，絲毫沒有爭執的意思。那位女顧客自己也有些難為情地笑笑：「剛才我說話太衝，不好意思。」

在這個世界上，人與人的思想總會有所不同，當彼此意見不同又堅持己見時，爭吵不是唯一的辦法。不妨用委婉的語氣，針對雙方意見不同向對方致歉，然後再表明自己的立場，當對方心理發生相應的變化，自然就降溫熄火，也許會有意想不到的效果。

娜娜的大學專修是語文，懂得好幾種語言，在畢業求職時，希望在進出口公司找到秘書的工作。但很多公司都回信告訴她，因為正處於經濟危機時期，他們不需要雇用這類人才，不過會把她的名字存在檔案裡。

在這些回覆中，有一封信是這樣寫的：「妳完全不瞭解我們的條件，我們根本不需要寫信的秘書。即使需要，也不會請妳這樣連瑞典文都寫不好、信裡全是錯字的人。」

面對這樣羞辱，娜娜氣瘋了。但她轉念一想，重新寫了一封感謝信：「承蒙您回信，關於我信上有很多語法上的錯誤，自己卻不知道，我倍感慚愧而且很難過。現在，我計畫加倍努力學習瑞典文，改正自己的錯誤。再次感謝您的提醒，讓我可以再更進步。」

這封信發出後不久，娜娜再度收到對方的回信，而且從那家公司獲得一份工作。可見得，語氣委婉的道歉有時會對人生產生極其重大的作用。

知錯卻硬拗不改，失去的不只是信賴！

世上每個人都生活在社會關係中，誰也避免不了在人際交往的過程，無意傷害別人或是被別人傷害。因此，道歉這個行為幾乎貫穿所有人類關係，像是婚姻、育兒、戀愛和工作等等。它不僅可以在特殊時機彌補過失、化解矛盾，還能促進雙方心理上的溝通，緩解彼此的關係。

道歉看似是一種示弱的行為，其實不然。知錯不改的人只會被人瞧不起，知錯就改則會贏得別人的讚賞。可惜，現代很多人卻越來越不明白這麼簡單的道理，往往固守自己的錯誤，最終讓人際關係越來越糟。

諾貝爾獎得主巴爾的摩曾被牽扯進一起造假事件，當時他的一個專案合作者在發表的論文中資料造假，而巴爾的摩曾經高度讚賞這篇論文。巴爾的摩擔心自己聲譽受損，極力替那篇論文辯護。

但後來事態逐漸嚴重，美國國會甚至成立一個調查組，專門調查此事。巴爾的摩則表現得更加強硬，甚至質疑國會調查是政治干預學術。洛克菲勒大學校董事會因此決定，一個具爭議性、有污點的學者不適合擔任該校校長。最終，巴爾的摩被迫辭職。

一個人聲譽源自別人的認同與尊重。為了避免損害聲譽而百般辯解，怎麼能夠贏得別人的尊重？對於坦然承認過錯的人，人們看到的是他寬廣的胸襟，與尊重事實的態度，只會更加尊重他，同時他也更容易為自己贏得更高的聲譽。

作家劉墉任職電視台時，負責製作的一部紀錄片將時間寫錯了。人在外地的他，打電話囑咐校對的同事修改，第二天校對人員忘了更正就播出。事後劉墉向電視台主管提出重錄節目，全部損失由他來承擔，完全沒提到他曾通知修改一事。

負責校對的同事知道後，被深深地感動了，於是主動承認自己的錯誤。電視台主管當即表揚劉墉，並表示節目可以重新錄製。鑑於劉墉勇於承擔責任的表現，費用由台內支出。

無論出於何種原因，錯了就該道歉。事實證明，主動認錯的人更容易得到原諒。這是化被動為主動、讓麻煩遠離自己的絕佳辦法。不瞭解怎麼表示歉意，過失永遠不可能真正被原諒，受傷的關係也很難真正修復、和解。

認錯後言行一致，效果勝過千言萬語

多數人在工作出現失誤時，往往互相推諉，唯恐與自己有任何瓜葛。事實上，只有勇於承認錯誤、承擔責任的人，才有資格被賦予更多的使命。一味推卸責任、爭功諉過，很容易失去別人對自己的信任及尊重。

錯誤不可怕，可怕的是犯錯卻不自知。犯了錯卻害怕丟面子而不肯承認，甚至掩飾錯誤、知錯不改，最後只會失去更多。勇於認錯是一種以退為進的策略，是一種贏的態度。從錯誤中汲取提升自己的力量，獲得進步的契機，更能贏得別人的諒解和讚賞。

喬伊絲是個裁縫師，一年前離開師父，開了間裁縫店。因為她的手藝很好，價格又便宜，所以附近的人都到她那裡去做衣服，讓她每天都有做不完的活。有一次，一位老婦人到店裡訂做一套禮服，喬伊絲在完工時，發現袖子比老婦人的手臂長了半寸。

但老婦人已經來取這套禮服，喬伊絲沒有時間去修改了。老婦人試穿禮服，對手藝大加讚賞，就在要付錢準備走的時候，喬伊絲說：「夫人，我不能收您的錢。很抱歉，我把禮服的袖子做長了半寸。假如妳能再給我一點時間，我會把它修改一下。」

老婦人馬上就要穿著禮服去參加一個晚會，她表示對禮服很滿意，不介意那半寸，於是準備付錢離開了，但哈喬伊絲無論如何也不肯收老婦人的錢。面對過失，喬伊絲沒有選擇逃避，而是勇敢地承認錯誤，當然也得到對方的原諒與讚賞。

所以，當我們犯下過錯時，不要總是想方設法地隱瞞錯誤或推卸責任。其實，我們可以「以退為進」，大膽地承認過失一定能夠得到別人的原諒。當然，我們在承認錯誤的同時，應該盡一切努力去彌補自己的過錯，把錯誤造成的負面影響降到最低。

哈欽森是商場的筆記型電腦銷售員，雖然做這份工作時間還不長，對業務還不怎麼熟練，但為人誠懇、熱情，對工作很認真，所以大家都十分喜歡他。

某日，哈欽森表情很嚴肅，手裡拿了一個信封去見經理尼克，他抱歉地說：「對不起，經理。今天，我犯了一個很嚴重的錯誤。」原來哈欽森一時大意，把一台價值兩千美元的筆記型電腦，以一千美元賣給一位顧客。他是專門來向經理承認錯誤的。

「我為自己犯下的過錯感到十分慚愧。這一千美元是我這幾年存下的，作為對公司的賠償，請您一定要收下。假如您要開除我，我是絕對不會有任何怨言的。」哈欽森說完後，將手中的信封遞給尼克。

尼克接過信封放在了桌子上，然後問道：「你知道那位顧客的聯繫方式嗎？你去找過他嗎？」

「那位顧客付錢時留下了聯繫方式，但我沒有去找他。為什麼要去找他呢？是我不小心把兩種筆記型電腦弄混了，是我工作的失誤，我不想給您帶來太多的麻煩。」

「所以你就用自己的存款填補那一千元？」尼克聽了，關切地問。

「是的，經理。這是我的錯，我希望能夠彌補。」哈欽森非常誠懇地回答。

結果，尼克沒有收下哈欽森的一千美元，也沒有開除他，反而在以後的工作中更加器重他。因為尼克知道，一個勇於承認錯誤的人能夠成就一番事業。

一個領導者如果永遠固執，就不能聽取別人的合理建議。一個管理者如果不能承認錯誤，員工就不會想承擔責任。管理者進行反省可以使整個團隊獲得共鳴，員工才能在管理者的檢討中自省。

人無完人，每個人都會犯這樣那樣的錯誤。倘若犯了錯就應該去改正，有責任就應該去承擔，推卸責任無助於發展，只會加重失敗。為自己的失誤道歉，是提升個人形象的重要途徑，誠懇地檢討和反省，會贏得廣泛的支持和無限的聲譽。

這一堂說話課叫人生態度，每個人都還在學

真誠地向別人道歉，是一種明智的選擇。一個犯下過失，就應該向對方說「對不起」，然後以實際行動負起應盡的責任。倘若只是嘴巴上承認過失，卻用盡一切手段推脫責任，怎麼可能會得到別人的諒解呢？所以，在道歉時一定要做到言行一致，才能達到目的，並且贏得別人的稱讚與尊重。

有一天，美國一位十二歲的小男孩正與他的夥伴玩足球，一不小心，將

足球踢到鄰居的窗户上，把一塊玻璃擊碎了。

這時，一位老人從屋裡跑出來，勃然大怒，大聲責問是誰幹的，夥伴們紛紛逃跑了，小男孩慢慢地走到老人跟前，低著頭向老人認錯，並請求老人寬恕。但是，這位老人非常固執，小男孩委屈地掉下眼淚，最後老人同意小男孩回家拿錢賠償。

回到家，小男孩小心翼翼地將事情的經過告訴父親。父親沒有因為他年紀小而網開一面，卻是板著臉一言不發。坐在一邊的母親趕忙為兒子說情，開導父親。

過了一會，父親冷冰冰地說：「家裡雖然有錢，但是他闖的禍就應該由他對過失行為負責。」停了一下，父親還是掏出錢，嚴肅地對小男孩說：「這十五美元暫時借給你賠人家，不過你必須想辦法還給我。」小男孩從父親手中接過錢，飛快跑出去賠給了老人。

從此，小男孩一邊刻苦讀書，一邊用閒置時間打工掙錢還父親。由於人小，不能幹重活，他就到餐館幫別人洗盤子刷碗，有時還撿撿破爛。幾個月後，他終於掙到十五美元，並自豪地交給他的父親。

父親欣然拍著他的肩膀說：「一個能為自己過失行為負責的人，將來一定是會有出息的。」許多年以後，這個闖禍的小男孩成為國總統，他就是雷根。

現實生活中，每個人難免會犯下這樣或那樣的錯誤，有的錯誤發生時有人在場，有的錯誤發生時沒有人知道，前後的環境不同，認識錯誤的程度很可能就不同。

在承認自己犯錯，向對方表示歉意時，一定要表現出自己的真誠。虛偽的道歉非但不能得到對方的諒解，反而會將事情弄得更壞。有些人向別人道歉而不低頭，其實根本就不算道歉，因為他的內心沒有誠意。試想，沒有誠意的認錯道歉，誰又能接受？

一般來說，再大的過錯在短時間內都不會造成太大的影響，假如我們能及時彌補，就可能大事化小、小事化了，使事情得到圓滿的解決。一般處理問題的時機，應該是在雪球尚未越滾越大，還沒開始糾纏不清，情緒還沒失控之前。倘若犯錯者對已發生的問題置之不理，即使是輕微摩擦，也很可能演變成燎原之火。

對於一個有錯誤卻不肯承認的人，多數人會覺得他不誠實或愚笨，或者固執、不可理喻，從而產生對抗心理，使雙方矛盾激化。這時，他們一般都會這樣想：「反正問題不是自己引起的，損失再大，自己也不必負多大的責任，難道我還怕你嗎？」如此一來，事情到了最後便難以收場。

所以，一個人如果犯下錯誤，一定要站出來真誠地向對方道歉，並且做到言行一致。因為只有發自內心的真誠道歉，才能夠贏得諒解與尊重，虛偽的道歉只會惹人反感，而且會讓人際關係變得越來越壞。

重點整理

- 惡言傷人後，請用真誠的道歉來救死扶傷。
- 學會道歉是重要的社會技能，真誠的道歉會使人們感受到人與人之間最美好的情感。
- 目光高遠的人會為了避免一場糾紛的爆發，放下面子、毫不猶豫地說：「對不起。」。
- 有效的道歉不是為自己狡辯的伎倆，更非企圖騙取別人的寬恕。
- 在爭執的過程中能語氣溫婉，不僅顯示一個人的修養，更能提高個人的魅力。

NOTE

NOTE

NOTE

NOTE

NOTE

國家圖書館出版品預行編目（CIP）資料

微甜說話課：33堂說好話、辦好事的溝通智慧／何亞歌著. -- 新北市：大樂文化，2021.03
224面；14.8×21公分. --（Smart；104）
ISBN 978-986-5564-14-8（平裝）

1. 說話藝術　2. 溝通技巧

192.32　109021988

SMART 104

微甜說話課

33堂說好話、辦好事的溝通智慧

作　　者／何亞歌
封面設計／蕭壽佳
內頁排版／江慧雯
責任編輯／王藝婷
主　　編／皮海屏
發行專員／呂妍蓁、鄭羽希
會計經理／陳碧蘭
發行經理／高世權、呂和儒
總編輯、總經理／蔡連壽
出 版 者／大樂文化有限公司（優渥誌）
地址：220新北市板橋區文化路一段268號18樓之一
電話：（02）2258-3656
傳真：（02）2258-3660
詢問購書相關資訊請洽：2258-3656
郵政劃撥帳號／50211045　戶名／大樂文化有限公司

香港發行／豐達出版發行有限公司
地址：香港柴灣永泰道 70 號柴灣工業城 2 期 1805 室
電話：852-2172 6513　傳真：852-2172 4355

法律顧問／第一國際法律事務所余淑杏律師
印刷／韋懋實業有限公司

出版日期／2021 年 3 月 4 日
定價／270元（缺頁或損毀的書，請寄回更換）
ISBN 978-986-5564-14-8

大樂文化

大樂文化